越简单，越美好

——极简生活的幸福秘密

[瑞典] 罗敷
(Tintin Tian Sverredal)

作品

湖南文艺出版社
HUNAN LITERATURE AND ART PUBLISHING HOUSE

博集天卷
CS-BOOKY

无论是生活中还是工作中，出去喝杯咖啡，聊一聊，是瑞典人最常见的社交方式

Mäster Samuelsgatan

kv. Rännilen   1-5

FRANSKT CAFÉ

Teralong · Kaffe · Choklad
Champagne · Vin · Cocktail
Sallader · Club Sandwich
Smårätter · Lunch · Dine
Croque Monsieur
& Foie Gras

·AFTERNOON·
TEA

VARJE DAG 14.00-17.00

Små bakverk
Mini Wienerbröd
Scones · Snittar
House tea

·PATISSERIE·

Tartelett · Tårtor
Eclaire · Ice cream
Bakelser · Bakverk

MENU

BISTRO CAFÉ

FACE

目录
CONTENTS

×

×

北欧人骨髓里的那种
将简单的生活内涵极尽张扬的灵动能力和特质，
是极简生活盛而不衰的源泉

生 活 ， 越 简 单 ， 越 美 好

当我们讲极简的时候，
不仅是家居的极简、饮食的极简、人际的极简，
更是精神的极简、生活风格的极简

什么样的生活方式都并不重要，

最重要的是，

你能够按照自己喜欢的方式生活

简单的工作环境容易让人更专注于工作本身，
而不必分心处理工作之外的琐碎之事

一种规律的生活方式，
一个广泛阅读的习惯，
一盘好而优质的食物，
一份好心情的体重管理，
这些点点滴滴的小事，
都是你自我进步的基石

简单的生活背后，
往往蕴藏着生命轨迹的丰厚底蕴

丰富的物质生活使得越来越多的北欧人意识到，

只有降低对物质的追求，

丰富的精神世界的种子才会发芽

极简的生活不是单一，而是专注

生命中最重要的，
原本不是堆积如山的富有，
不过是一份简单到细节的仪式感

北欧的简约生活方式
将会是世界的大趋势

前美国银行证券公司副总裁、著名财经作家　陈思进

收到老友罗敷即将出版的随笔集《越简单，越美好》文稿，一看书名，便立刻想起之前由我策划的、她上一本随笔集《这么慢，那么美》（2015年8月出版）。在那本书中，她从慢生活切入，介绍了她生活了十多年的北欧，可能是因为和国内中产阶层普遍充满焦虑、压力的生活形成了鲜明的反差，戳中了读者的痛点，该书跻身亚马逊2016年纸书十大畅销书。快三年了，迄今依然排在亚马逊销售总榜前100名之列。

从书名看来，这本书将从简约生活这个角度切入，进一步描绘北欧之美，那显然是《这么慢，那么美》的姊妹篇了。一下班到家，我便迫不及待地先睹为快。

果然不出所料，《越简单，越美好》再次给我带来当时第一次阅读《这么慢，那么美》时的悦读感。由于房子是当下国人最关心的东西之一，我就先将其中《房子不是投资，也不是唯一》那节简单介绍一下。

从标题就可看出，对北欧而言，房住不炒，房子就是安身之所："在瑞典词里，有两个词特别有意思，一个是Vila（休息），一个是Villa（别墅）。字母 l 像一个人。一个人的时候，就是Vila，休息一下就好。两个人的时候就是Villa，要合力买房租房，建立起一个好好Vila的Villa，开启生活新篇章。但是如果因为一座房而受累终生，北欧人是绝对不干的，不管是城市里的公寓还是城市外的别墅。"

罗敷介绍说，被高福利惯坏的北欧人，人生重点在追求生活品质上。如果结婚降低生活品质，那么北欧人就选择不结婚。如果不能给孩子一个理想的生活条件，北欧人宁可选择不要孩子或者到了三四十岁以后经济稳定再说。房子也一样，如果买了房而不敢轻易换工作或不能按照自己的兴趣选择工作，北欧人宁可一生居无定所。

因此，在北欧没人炒房，房在北欧就像车在北欧一样，车、房本身都相对便宜，贵的是使用和维护的那部分费用，水电、物业什么的。再加上政府调控，北欧房价每年几乎不涨。

需要租房的人们可以排队，排到你的时候，你就可以租到一套政府提供的廉租房。租下来后，十年八年二十年甚至一辈子，你爱住多久都可以，只要你不主动退还，政府不会收回。但是，有一点特别重要：你不可以用租来的房子再出租当二房东。一旦被查到，房子没收，还会罚款，而且以后无论你买房还是租房都会遇到麻烦。

因此，北欧没有"房奴"一说，买房租房对北欧人来说是一样的。

好了，不再剧透了，就把之前我为《这么慢，那么美》作的序中与简约有关的部分拿过来抛砖引玉吧。

绿色出行：
因此几十年来，"步行上学"一直是北欧挪威首都奥斯陆市政府的市政规划：父母被明确要求不能开车送子女上学，以促进孩子积极的生活方式。为了确保孩子步行路线的安全性，政府通过立法最大限度地减少交通堵塞，甚至在市中心也不例外。天然的生存环境与政府的正确疏导，使挪威人徒步远足（步行或慢跑到想去的地方）和喜爱滑雪的习惯代代相传。

在挪威的马路上鲜有豪华轿车争奇斗艳，人们并不视开豪华车为高人一等。奥斯陆的市政府购买了3000辆自行车，供广大市民使用，而且市政府购车的速度还在上升，马路上完全被骑车人和走路的行人包围。仰望城市的天空，蓝天白云，这简直是一道亮丽的风景。

健康饮食：

卢梭说过，节制和劳动是人类的两个真正的医生：劳动促进人的食欲，而节制可以防止贪食过度。北欧挪威人爱好运动的习惯没改变（他们很少开车，政府也不提倡开车文化），传统的饮食习惯也没改变。挪威的传统食品里，鱼、肉、土豆和蔬菜依然是餐桌上的主角。即使有钱，外出就餐对他们来说也很难得。挪威的餐厅规模普遍比美国的小，其提供的食物分量也比美国小，在美国为一人份的菜品，到了挪威就变成三人份。直到现在，美国的麦当劳和肯德基的快餐文化，根本无法在挪威流行起来。因此，挪威的糖尿病例在西方国家中是最少的，只占所有病例的3.6%。几年前的一项调查发现，挪威只有15个成年人因超重引起糖尿病，其中一人还是新移民。

勤俭节约：

在北欧挪威的街头拐角，勤俭商店（中国过去的旧货商店）随处可见。说来你可能不信，生活在挪威，假如有一天你为孩子过生日，拆开礼物盒，看见里面是洗涤干净的旧衣物，千万别大惊小怪，这在当地已蔚然成风。当然，假如把这一场景搬到中国，我们也无法想象送礼之人还有何脸面做人。

不过，罗敷说，简约不等同于清贫，一定是奋斗过以后懂得取舍的生活。简约生活不是吃饭全靠叫外卖，生活失去仪式感，懒得出门，懒得访友，甚至懒得恋爱，懒得结婚，懒得要孩子，放弃追求，封闭自己，当一个宅男或者宅女，完全靠虚拟网络度日。如果这样，那只是对生而为人的责任的一种逃避。简约生活是更积极的生活态度、更入世的生活。所以，在北欧式的简约生活里，蕴藏着许多你知道的北欧和你不知道的北欧。

最后，在强烈推荐《越简单，越美好》的同时，也提一下自己

2017年6月出版的随笔集《那么远，这么近》，如果说《越简单，越美好》是《这么慢，那么美》的姊妹篇，那么介绍北美的《那么远，这么近》就是她的兄妹篇。

2018年4月12日写于多伦多

陈思进

自　序　　　　　　　　　　你知道的北欧
　　　　　　　　　　　　与你不知道的北欧

生活，越简单，越美好。

人的欲望是无穷的，而我们的生活是有限的。如何在有限的生活里安排下心中的乾坤？佛说：一花一世界，一叶一菩提。东方人提出了这一哲学，而北欧人实践了它。

在北欧人的生活里，极少追求表象的繁盛，更重要的是追根溯源的本质和对其持有的态度。比如去北欧人家里做客，主人会请你喝咖啡，这虽然是件小事，但主人会拿出不同花色的杯子，不会随便给你，而会饶有兴致地让你挑一个你喜欢的花色。如果你挑到的刚好是一个圣诞老人的杯子，主人就会告诉你，这个杯子是哪一年过圣诞节的时候，其时正热衷于学陶艺的外祖母赶在圣诞节前为孙儿们精心制作的。一个小小的杯子，珍藏着亲情，珍藏着回忆，又是随时可用的器皿。

这就是北欧人对待生活的态度：简单的生活背后，往往蕴藏着生命轨迹的丰厚底蕴。

杯子只是一个小小的事由，却是北欧人普遍生活态度的写照。走进北欧人家里，极简主义弥漫每一个角落，东西是冷冰冰的，但是有故事的人为它们注入了鲜活的生命，让它们都成为生活里不可或缺的一部分，共同构成有趣的生活。会生活、懂取舍的人本身，才是简约生活本身。

如何成为一个有趣的人？懂取舍，贵专注，多读书，多修炼，不断地学习，此外似乎也没有别的更好的路。成长，是简约生活的主题。无论你是谁，身处何地，每个人都是独立存在的个体，个体的成长轨迹只属于个人，人与人之间的人生轨迹无法互相参考，更不必比较模仿。人生最贵重的，就是通过不断地学习，将你经历过的事、遇到过的人、读过的书、走过的路，揉碎吸收之后，用这些养分供养你，成就一个只属于你自己的人生，然后，让你不断超越昨天的你。

　　同样，简约也不等同于清贫，一定是奋斗过以后懂得取舍的生活。简约生活不是吃饭全靠叫外卖，生活失去仪式感，懒得出门，懒得访友，甚至懒得恋爱，懒得结婚，懒得要孩子，放弃追求，封闭自己，当一个宅男或者宅女，完全靠虚拟网络度日。如果这样，那只是对生而为人的责任的一种逃避。简约生活是更积极的生活态度、更入世的生活。所以，在北欧式的简约生活里，蕴藏着许多你知道的北欧和你不知道的北欧。

　　你知道的北欧：工资高，福利好，自己的娃政府养，比如娃出生后每月都可领取1000多克朗的牛奶金，直到18岁成年。除了480天的带薪80%假——妈妈假，竟还有奶爸假，凡此种种，不一而足。

　　你不知道的北欧：为了这丰厚的福利，北欧人民会把每月工资里平均30%的税收"上交国家"，虽然年底可能会有点微薄的退税。

　　你知道的北欧：北欧人可能是最会享受生活的一群人了。夏日旅行，占领全球旅行地的人，很可能1/3都来自斯堪的纳维亚半岛。

　　你不知道的北欧：工作状态中的北欧人你见过吗？虽然北欧人对加班深恶痛绝，但是为了手头的一个工作项目，下了班喝杯咖啡的时间他们都在苦思冥想。所以不要问我为什么全世界那么多的发明创造都来自北欧国家。

　　你知道的北欧：70%森林覆盖率的瑞典，千湖之国芬兰，拥有大峡谷的滑雪胜地挪威，冰火交融的温泉世界人间仙境冰岛，童话与乐高玩具的王国丹麦，斯堪的纳维亚半岛，全球最适合人类居住的地方，离天堂最近的地方，总之，概括起来八个字——"空气清新，美不胜收"。去北欧旅行醉氧什么的，可别说我没提醒你。

　　你不知道的北欧：其实说出来令人惊讶，如今全世界最美丽优雅的北欧女人，在当年习惯穿粗布蓬蓬裙的时代，也曾经有当街小便的"光辉历史"。现代化进程时期的北欧也曾经"乌烟瘴气"，垃圾围城。为了改变这一局面，北欧诸国率先响应欧盟，制定出垃圾处理的4个R原则，即避免制造过多垃圾（Reduce）、加强重复利用（Reuse）、分类再生循环利用（Recycle），以及后来加上的能源回收利用（Recover）。当然，还有垃圾填埋（Landfill）。

　　你知道的北欧：所有商店每天10点开门，19点关门。节假日更绝，中心的商店11点开门不说，下午4点准时打烊。更别说偏离中心一里之外的地方，商店根本不开门。

你不知道的北欧：北欧熊孩子少，都是因为父母教得好。实则所谓父母的"教"，也不过是来自父母更多时间的陪伴。知道为什么商店那么早关门了吧？让你没事别在外溜达，赶紧回家陪家人。

你知道的北欧：北欧女权主义风行，女人地位最高。信封上的官方排序，列在首位的绝对是老婆大人。

你不知道的北欧：从幼儿园小围兜时代，就开始进行性别平等意识教育。真正的文明，从整个社会懂得尊重女人和孩子开始。女权主义并不意味着做模糊性别的女汉子、女强人。女人要强大，做到一点足矣：优雅地做自己！

你知道的北欧：有全球最安全的瑞典沃尔沃车，也有全球最具创意的丹麦乐高玩具，有含而不露的挪威国家石油，又有最可口的冰岛鲑鱼。

你不知道的北欧：既有高端大气上档次的国家福利建设，又有低调奢华有内涵的国民素质。虽然坐拥私家车与私家船，可是为了绿色环保，减少尾气排放，绝大多数北欧人出行更乐于骑单车或搭公交车。政府为了鼓励大家骑行而专门修建的橘黄色骑行大道，有朝一日你不想去试试？

　　你知道的北欧：北欧人是全天下最潇洒的人了，绝大多数人根本没有存钱的习惯。如果一个北欧人开始存钱，那后面一定跟着一个旅行计划。

　　你不知道的北欧：工作的时候认真工作，玩儿的时候尽情玩儿。教育免费，医疗免费。所以才有了北欧生活的慢半拍。在北欧，大家凡事有度，做事有序。热爱自由的北欧人，凡事恰恰离不开计划。有计划的生活更自由，这是北欧人的生活经验。

　　你知道的北欧：福利制度不养懒人。有那么好的福利，大家依然在积极工作。

　　你不知道的北欧：福利制度为何不养懒人？人因意识独立而变得自信和坚强。从这点看，北欧人是地球上活得最明白的一群人。北欧人信奉人活着就要证明其活着的价值！要充满成就感地度过每一天。所以他们的发明不断挑战着人类的神经：拉链、炸药、超声波、心脏起搏器、三点式安全带、全球定位系统、子宫移植等。未来创意无极限的北欧人还会发明出什么？！

　　你知道的北欧：北欧人大多数高挑漂亮，气质出众。

　　你不知道的北欧：户外运动在北欧长盛不衰，甚至已经成为一种生活方式，无论是骑行还是跑步、健走。北欧教育免费，医疗免费。为了避免对纳税人的钱造成无谓浪费，政府积极鼓励大家多运动，健康医疗预防为主。滑雪、健身、游泳、冰球、高尔夫、飞盘、单车等，都是北欧人喜爱的全民运动。

　　你知道的北欧：被咖啡惯坏了的北欧人，早晨醒来若不先来一杯咖啡，简直无法面对人生！——"邪恶"的咖啡，蛊惑了北欧人的一生！

　　你不知道的北欧：北欧人习惯在咖啡馆约见朋友，在咖啡桌上谈生意，甚至在咖啡桌上定终身。北欧的公司也知趣地有至少半小时的Fika①时间，供大家在工作间隙喝杯咖啡，放松一下脑神经。咖啡是北欧社会典型的慢生活代表。不工作的日子，一杯咖啡，一本书，北欧人可以在夏季的阳光里，消磨掉一下午的时光。慢，是一种生活态度，也是一种知道自己想要什么，并为之奋斗的面对韶华的从容！

　　你知道的北欧：北欧人很爱阅读。北欧是一个全民读书的地方。电车上，咖啡馆里，草坪上，到处都是读书的人。

---

① Fika：无论是生活中还是工作中，出去喝杯咖啡，聊一聊，是瑞典人最常见的社交方式。

　　你不知道的北欧：北欧人认为跟与自己谈不来的人交往，只是白白消耗时间，很难建立真正的友谊，不管是对自己人还是外国人，所以才有"北欧人的友谊就是一杯咖啡的距离"一说。

　　书以及从书中获得的渊博知识，是北欧人际交往的最好媒介。即便是萍水相逢的朋友，刚好谈论的书两人都看过，由此延伸的思考和讨论，足足能让两人兴奋一阵子。而我们感到难以和北欧人交往的普遍症结，在于我们的阅读量远低于对方，故缺乏可以与之交往的谈资。对付外国人，我们最拿手的武器是美食攻略，火锅、饺子一出，天下无敌。但再好吃的美食，每次都吃也难免乏味。反之，由阅读建立起来的自我认知、与双方文化的融入、对人生的思考、对事物的看法，以及价值观的认同，才是两情相悦、持之以恒、甘之如饴的跨国交往。

　　脚下的土地不过尺寸，但是内心世界的丰盈，却是无限。读过了这许多你知道的、不知道的北欧，其实，简约生活第一个要做到的，不过是内心安静的力量。极简的核心，也就是放下得失比较之心，让自己方便舒适，始终保持身心愉悦。

　　人的一生，年龄不是问题，过去的生活不是问题，甚至过去、将来都不是问题，心态决定一切！北欧人骨髓里的那种将简单的生活内涵极尽张扬的灵动能力和特质，是极简生活盛而不衰的源泉。
人生最重要的，永远是现在！未来的一切取决于现在，在每个新的
一天到来的时候，没有谁比谁更有经验。在生生不息的生活里，
我们每个人的一天都是向昨天告别，向这个世界学习的、成长的
一天。

　　本书是我根据自己在北欧十余年的生活经历，凭借自己对异国
生活的洞察力和领悟力，透过表象，深潜北欧生活之后，耗时三年
写作而成。让我们通过北欧群像，在解读一个又一个风姿各异的北
欧慢生活的故事时，不断融入离天堂最近的地方：雪域北欧的奇幻
人文，以及揭开《这么慢，那么美》的梦幻面纱之后，体验那里人
们的真实生活。

Chapter 1

○

由繁而简的断舍

越　简　单 ，

越　美　好

简约会激发人"少而精"的潜意识！

比如，

能用一个杯子就不要用两个，

如果不够，

就洗一下再用！

21℃的奢侈
与18℃的清欢

如果18℃就能让我们保暖，

我们为什么一定要21℃的奢侈呢？

——题记

　　一大清早，我不得不离开书桌，拿着耙犁，一边收拾园子里多余的枯枝树叶，一边恭候负责片区物业的皮特大叔光临。

　　这是瑞典中西部乡村塞夫勒的一个秋天。

　　室外温度14℃，室内温度17℃。电气房里用燃烧压缩木屑来供暖的那些机器，运行时发出低分贝"嗡嗡"的电流声令人感到些许敬畏。哪怕是拧一个无关紧要的开关，都让不谙电器的我产生稍有不慎就会导致整个房子爆炸的恐惧感！没办法，天生不是理工科的好学生，所以不得不致电负责片区暖气、水电供应的物业，接电话的是皮特大叔。

早上10点，一辆沃尔沃工具车停在房子栅栏外，从车上下来两位身着水电暖工人典型标配绿色荧光工作服的物业人员，来者是准时光临的皮特大叔和他的助手。两人脱了鞋子，走进屋内，楼上楼下，拿着工具敲敲打打，检查暖气管和电气房。"买下一幢房子可不只是住那么简单！"皮特大叔将这句话重复了几遍，最后，拧了一下固定在墙上像电视盒那样的一个看起来人畜无害的白色开关，整个房子的暖气开始运转。

调节房子温度的时候，听到要将房子设置恒温21℃，皮特大叔诧异地重新打量我这个不知俭省的外国人："真的要21℃这么高？我们塞夫勒人家恒温可都是19℃！这可是节能恒温型住房！"

大叔话说得没错！恒温住房，是瑞典在20世纪50年代就提出的一个居住理念。瑞典房子里都安装有暖气片，取暖通常采用三种模式：最费钱的电、比较节约的压缩木屑，以及有情怀但需要大量木头的壁炉。然后就是近年流行起来的、国家也非常支持的地热。这几种除了壁炉,都能达到节能恒温型住房标准。通常人们生活中的能源消耗,房子占大头。而在房子的消耗中,取暖又是住家用度的重中之重。尤其是北欧这种漫漫寒冬长达四五个月的地方,仅房屋取暖一项,就占了房屋住家开销的很大比例。如何不用花太多钱而冬日里室内又温暖如春呢?这个我最想知道的答案,在皮特大叔的职业生涯里,已经成了他仅次于太太的生日之外,回答得最顺溜的问题之一。

当然取决于你选择什么样的供暖系统了!

皮特大叔被问到强项,一身先知光环加持,就地开讲20分钟,使我这个外国人终于对瑞典供暖系统有了些许认知。在瑞典,绝大多数的别墅都建于20世纪50年代、40年代、30年代,甚至20年代。超过百年的别墅在乡间旷野比比皆是,可即便是在"远古"的二三十年代,这些房子的基础也打得颇为牢靠。外部用石头砌成,里面用木材铺就。墙壁、地板所用的木头,皆来自绵绵无尽的瑞典森林,那里的树木生长缓慢、木质紧实。这种外石内木加壁炉的结构,在农业时代,不仅很好地抵御住了北欧漫长冬天寒冷的侵袭,也大大延长了房子的生命。随着一代代房主的老去,带着科技文明烙印的新一代房主，又将老房子赋予了节能环保这一新的功能和意义！所以，这就是这些经历过百年风雨洗礼的老房子，在一次次买卖的轮回中，价格非但没有降低，反而节节飙升的原因！

房子贵贱虽然与历任房主不断的修葺维护分不开，但更重要的，是整个国家环保理念赋予这些房子的价值：只要你愿意让房子朝节能环保的路子走，就能享受国家优惠政策福利。何谓节能环保型住宅？就是拥有省钱又省能源的地热系统的房子。地热利用的是热能，用钻井方式向地底下打百米左右，将地壳中蕴含的接近熔岩的热能抽送至地表，通过恒温器双向循环，就变成可以向房子提供恒温的堪称与太阳能、风能相媲美的天然能源了！

地热的初装费不便宜，一套设备带人工算下来需12万~15万克朗，基本与相当的人民币等值。但这是国家扶持的项目，地热装成的房子，仅每年的取暖费一项，就可比电或压缩木屑节省高达2/3的费用，自然而然成为一个国家为民众打算的双赢"省钱契约"！对民众来说，省钱又环保，何乐而不为呢！于是，越来越多的房子在建造修葺过程中考虑的重点之一就是：我的房子是否环保、节能？这是瑞典别墅经久耐用、历久弥新的重要原因之一！

除了人为干预取暖系统，如何让房子自主保暖节能，瑞典人也算是竭尽所能。

在人们的印象中，提起北欧诸国，湛蓝的天、一望无际的牧场、棉花糖般的白云、赭红或明黄的童话小屋，说起来都是童话王国的意象。然而，你知道为什么北欧的童话小屋以赭红、明黄居多吗？因为科学证明，这两种颜色以及墨黑，是所有颜色里最易吸收太阳光的颜色！阳光在北欧是稀罕物，所以北欧人家都把房子刷成"阳光宝盒"来吸收太阳光。

为了不让暖气流从门窗缝隙溜走，亦保持一个安静的居家环境，瑞典住宅无论是别墅还是公寓，门窗玻璃通常不仅双层，周边还要用皮圈加密。室内的壁纸，也是暖色系，是栀子白、柠檬黄、樱花粉、青檬绿等清新自然系颜色主打的天下。这些雅致透亮的颜色，一来给人以暖视觉，二来能够大大节约室内照明用电时间。研究证明，如果你的房间是白色墙壁，你将比有着黑色墙壁的邻居迟开灯两个小时！自打知道这个道理，我赶紧打消了要将原屋主客厅柠檬黄的壁纸换成酷酷的凡·高"星夜"的想法！

12月，我去北部拜访离群索居的昔日同事安娜，这位冰雪美人

竟也十分赞同皮特大叔的建议。尽管住在北部，可其闺阁却也只有
18℃。甚至在卧室，都是关闭暖气的。大冬天推开卧室门，如同冰
窖。"我的祖母习惯在冷空气里睡觉，我的母亲也是，所以，作为
她们的后人，我也一定得是。想一想，冷冷的空气，暖暖的被窝，
不是很舒服吗！房子太热使人难以睡得安稳，而且关闭暖气也省电
省钱。"

如果18℃能让我们保暖，我们为什么一定要21℃的奢侈呢？

安娜围着毛毯，端着冒着热气的咖啡，坐在工作台边的旋转椅
上，朝我耸耸肩。

而眼下，跟着皮特大叔和他的助手在屋里屋外转了两圈，商量
设置符合房子的适宜温度。9月初的瑞典，已经阵阵凉意。毕竟瑞
典的冬天这么冷，来得这么快！我低声请求着，仿佛他们才是此屋
的主人，而我只是无关紧要的过客。

最终室内的恒温来了个折中，被固定在了19.8℃。

索尼亚太太的客厅

在精简的过程中，

你会发现你更加明确想要什么！

目标变得明确，生活也将变得清晰。

——题记

周末，天知道住在这里已经15年有余的索尼亚太太，又是从哪里整理出一些无用之物。她决定隔天送去给附近只有周三和周六才开的红十字会跳蚤市场，并答应开车带我一起去。

当初我矫情地摆出一位作家的姿态，为了写作不被打扰，才买了乡下一见钟情的房子，就此回归大自然。乡下有乡下的风俗习惯、人情往来。除非像住在瓦尔登湖的梭罗那样真正离群索居，否则，住在大路旁，低头不见抬头见，左邻右舍遛狗的、晒猫的、散步的、跑步的，成天打家门前路过四五趟，不说话都不行，邻里走动自然多起来。

住在我家对面的索尼亚太太，就是这样一位芳邻。这是一位热情而带点探索精神的老太太，年轻时曾跟随法裔老公在法国尚贝里定居19年，深受高卢人热情的性格影响。作为一名法语老师，索尼亚太太退休前一直担任着塞夫勒当地中学生研习法语的重任。第一次来我家院子打招呼，她拎来满满一篮从驯鹿和刺猬口中抢下来的湿漉漉、饱含露水的酸苹果，告诉我是送给我家兔子薇薇安的。这种到老都保持着青涩模样的酸苹果，因从未嫁接过，保持着原始的酸甜滋味，加点蜂蜜，用来榨汁是最好的——我和薇薇安感恩地平分了这篮苹果。

在一个艳阳高照的秋日正午，抱着对外国新邻居的丝丝好奇，索尼亚太太假装无意，又慢慢散步到我家门口，透过偌大的窗户向里探望，终于敏锐地发现我家一楼的客厅除了一架古筝，其他地方都空空如也。对她而言，这无异于哥伦布发现新大陆！

"你不能什么都有，也不能一无所有。"索尼亚太太严肃地告诉我。这态度倒让人想起了《红楼梦》里老祖母带着刘姥姥参观孙子孙女们居住的大观园时，对清简如雪洞般的宝钗闺阁发出蜜汁般的叮嘱：知道你不爱红不爱绿，但到底女孩儿家的闺阁，要添置些东西热闹些才好！

大道至简！乔迁新居，发誓要像好友安娜那样，遵循清简原则，太过笨重的东西，诸如阵容庞大的组合沙发、老式凝重有历史感的橡木柜子等，一律不要。太过细碎的东西，也要少之又少。不过老太太说的也对，到底要热闹些，才有居家之气。

我对索尼亚太太的建议客气地表示附和，一杯鲜榨苹果汁下肚，索尼亚太太满意地驱车载我前往跳蚤市场。本以为她会怂恿我买下整个跳蚤市场，然而她罕见地全程一言不发，任由我购买。而我也只是小惊喜地买回一对装饰墙壁的陶瓷大雁，陪衬着斑驳得本来要贴墙纸或粉刷的墙壁。大雁的姿态，斑驳的墙，视觉上一动一静，倒产生了一种类似中国山水画的无可名状的悠长韵味。这样一来，楼梯一边的墙壁，便再无须为贴墙纸或粉刷而劳神。索尼亚太太不发言其实是在暗自观察，购物完毕，对我小小年纪便知俭省由衷赞叹，因此结为忘年交。半个月后，她摘了自家院子的苹果，做了苹果派，邀我去家里做客。

　　穿过鲜花盛开、植物繁盛的花园，想着像大部分传统的住别墅的瑞典人家一样，她家里不定怎样东西烦琐呢，且每件老家具又充满过去生活沧桑洒脱的记忆。然而进得屋内，却大大出乎我的意料！清雅的屋内可说纤尘不染，除了窗台上的花、四壁的图书、一盏落地的台灯，以及围着壁炉的一张矮桌和三张椅子，可数的三张地毯，一把摇椅，客厅里竟再无他物！

　　索尼亚太太拿出相册，挑出两张照片让我做比照。这是两张这个客厅不同时期的摆设照片，一张10年前，一张2年前。照片中，10年前索尼亚太太的客厅装饰得原来也是满满当当。但5年前的一件小事，改变了索尼亚太太对居住环境的想法。"我和我家老头儿打扫卫生，合力搬动一个柜子，我却扭伤了腰，在床上躺了好一阵子！"索尼亚太太指指自己的后腰。伤好了之后，索尼亚太太有了一些生活的感悟。

　　"我们吃的、住的，原本是为了让我们生活得更舒适，但有一天这些东西打扰到你的清净，分散你的精力，让你花时间保养它们，不得不时常打扫它们，保持房子的清洁。稍有不慎，甚至会让你受到伤害。那时我就考虑：我的生活里，真的需要这么多东西吗？"

从那时起，索尼亚太太开始检查自家的东西，哪些是多余的，哪些是有用的。不看不知道，一看吓一跳——光是当年从尚贝里千辛万苦、跋山涉水带回来的衣服行头，就整理出了三大包！更令人沮丧的是，这些衣服自打从法国带回来，绝大部分就根本没穿过！那些美艳如火烈鸟羽毛般的大礼裙、小礼裙，美则美矣，在平凡生活里却如同鸡肋，无用武之地。尤其在冷淡风流行的北欧，为了参加一场小宴会而盛装出席是会吓到大家的！而这些"废物"，竟然堂而皇之地在衣柜里占着半壁江山，躺了这么多年。索尼亚太太将这些衣服打包捐给了二手店。第一次的出手，让她产生从未有过的体验。

"你知道吗？丢弃让人上瘾！丢弃让你感到抛却多余之物的轻松。我原本以为丢弃那些东西会让我觉得惋惜和失落，然而不是，相反，这是一个得到的过程！在精简的过程中，你会发现你更加明确想要什么！目标变得明确，生活也将变得清晰。自从我开始丢弃那些东西，竟改掉了大举购物的毛病，对那些圣诞节后的打折不再那么有兴趣。因为我知道我要好的，贵的如果好也值，就买那么几件，可以用很久。"

在瑞典居住十年，对身边瑞典人的节约风气真是感同身受。除了数不尽的创意发明、铁矿、木材，瑞典王国大概拿得出手的国家供给乏善可陈。北欧五国地处斯堪的纳维亚半岛，可自给自足的东西少之又少，一应吃穿用度都要靠进口。长此以往，矛盾的北欧人，一边养成了"一粥一饭，当思来之不易；半丝半缕，恒念物力维艰"的传统，一边又像所有物质匮乏的民族一样，喜欢囤物以备不时之需。去老派的瑞典人家里做客，冷不防给你展示一个婴儿车，说起来都是人家曾祖奶奶当年用过的！

大抵是素食者越来越多的原因，人们降低了对生活需求的欲望。经过20世纪五六十年代的工业文明洗礼，物质极大丰富的北欧人，在满足物质欲望之后，又开始慢慢回归生活的清简。

淡极始知花更艳！

丰富的物质生活使得越来越多的北欧人意识到，只有降低对物质的追求，丰富的精神世界的种子才会发芽。欲望固然是激励我们活下去或者活得更好的动力，但是犹如晚宴初散，不受节制的欲望只会让我们一次次怅然空虚、筋疲力尽，不知生而为何！

　　过着素简生活的索尼亚太太夫妇，不仅家用极简，而且对生活的态度也在五年前随着极简生活的开启开始转变。从前的索尼亚太太，日子忙到根本没空做计划，因为做不做计划，每天都有固定的那么一大堆事等着她！开启极简生活之后，索尼亚太太从以前一度认为的"不打理地球就不会转"的思维模式中解脱出来，开始更加专注地做一些自己感兴趣的事，比如将法语小说翻译成瑞典语。

　　院子里的千头菊次第盛开的时候，索尼亚太太送来了她的第二本法语文学翻译作品：沙尔·贝洛的《鹅妈妈的故事》。

　　"这可是索尼亚·约翰桑版本哟！"索尼亚太太骄傲地宣称。

告别废物App的
那个傍晚

App无罪，

有罪的是我们的无度！

——题记

　　妮娜的蓝色运动衣，仿佛是一个话匣子的开关。着正装出现在办公室的妮娜，是一个短发、戴眼镜、话不多、严肃、干练、专注工作的高冷小主管；而回家换上蓝色运动衣，出现在我旁边和我并肩跑步的时候，我实难想象这样一个喋喋不休的女人，是如何给人留下高冷范儿印象的。

　　过了10月，随着夏日时光溜走的，不仅有北欧型男辣妹火热的身材、沙滩、冰激凌，还有北欧人视若珍宝的阳光！天黑得越来越早，当太阳在下午四点就下山的时候，定向越野俱乐部森林里的拉练也变得越来越艰难。若不是练友妮娜的不断鼓励，我几乎要放弃了。而妮娜鼓励我的重要原因之一，实在于我是一个好的倾听者。所以这样一来，每周一次的俱乐部定向越野拉练，几乎都成了三个孩子的妈妈妮娜向我这个练友倾诉的家庭控诉会！

妮娜和丈夫都是爱立信公司的C++程序员，俗称"码农"。妮娜工作能力更胜一筹，担任着小主管的要职。小半年前，妮娜接到任务，外派出差到中国北京三个月。回来之后，她吃惊地发现，不仅大儿子、小儿子，连三岁的女儿都迷上了iPad（平板电脑）和手机。现在回到家里你就看吧，丈夫对着电脑沉浸在代码的世界里，两个儿子抱着手机不离手，电玩之余再顺带跟心仪的小女生聊个小天，小女儿更是吃饭都要看iPad的动画频道！

原来，码农丈夫为了腾出更多时间，在家里也可以好好编程，不仅给15岁的大儿子换了更多功能的新手机，还让原本决定到10岁才可以拥有手机的8岁小儿子提前拿到了手机！这还不算，以前三岁的小女儿吵一吵、闹一闹，妮娜和丈夫都是和声细语讲道理，拿出儿童绘本逗女儿开心，现在可倒好，所有的不快，一部iPad全搞定啦！

珍惜眼前，活在当下

北欧湖边别墅

岛上生活：
北欧人的桃花源

每一滴奶都让人百分百放心的牧场

北欧人很爱阅读。

北欧是一个全民读书的地方

电车上，咖啡馆里，草坪上，

到处都是读书的人

车只是代步的工具

乘坐地铁出行的瑞典人

房子对不爱存钱、
天性爱自由的北欧人来说，
只是居住的地方，
绝对不能成为累赘

生活的美好，不只体现在人与自我的修养上，
更体现在人有能力与大自然的和谐共处上

简单营养的北欧人餐桌

简素的生活不等于清贫

奢华的终极意义，
是直指人性的关怀之爱

晚年依然保持着体面优雅生活的北欧老人

女人活在心态，不在年龄

有计划的生活更自由

"这还是家吗！每次一回家，失去了往日的吵闹喧嚣，那时虽然孩子们很吵却很温馨！现在一走进家门就看见，丈夫和小女窝在沙发里，两个儿子扎进自己的房间，大家各玩各的，下班回来就像从一个办公室走进了另一个办公室！不行！这样的局面一定要改变！"

控诉了三次之后，妮娜像挽救失足青年一样，拉着劝说无效的丈夫预约了一次心理医生。北欧这边，心理医生大约是最流行的职业。职场人士、家庭主妇、失业人员，各色人等，一言不合就要约心理医生。心理医生的角色，大约等于我们的居委会大妈。我就是想让他知道事情的严重性！妮娜痛心疾首地宣称。

每次打开手机、电脑，系统什么都要你下载，各种各样的App（应用程序）多到满天飞。连我这个对App不感冒的外行人，手机里也有七八个看起来"不得不用"的，何况妮娜这样的业内人士。

不过令人意外的是，那次的心理医生访谈，一场谈话下来，问题的根源竟出在妮娜身上！谈话那天，妮娜和丈夫两人当场打开各自的手机，妮娜手机上安装的App，竟有丈夫的5倍之多，吃

饭啦，出行旅游啦，购物啦，剪发啦，连喝杯咖啡都有App。"你
看，我用了这家咖啡连锁的App，每次只要到他家去消费都会有
10%的折扣，我为家庭省了钱，这过分吗？还有出行旅游，如果不
是他家的App，我们怎么能订到去年去巴塞罗那五天四夜包机票包
酒店还包早餐如此便宜的机票酒店度假模式！你瞧，这家商场的
App，每次年度促销，我们这些用户总是第一个知道！还有全家大
小去剪发，没有这个App，那位手艺最好的发型师恐怕一年也轮不
上我们！"

根据妮娜的描述，当时在场的人都笑而不语，静静听妮娜对她
钟爱的各种App的陈述，半小时有余。最终，妮娜自己都说不下去
了！冰雪聪明的妮娜最后反问了心理医生一个问题：我真的竟有这
么多App吗？我真的需要这么多的App指导我的生活吗？

"App无罪，有罪的是我们的无度！"妮娜平素比些许木讷的
丈夫更加谨言慎行，这次竟像哲学家似的来了个神总结。"谢谢
你！妮娜！从你的身上，我也看到了我的问题。我们不应该再让这
些虚拟的貌似智能化的东西掌控我们的生活。看起来这些形形色色
的App为我们提供了无尽的便利，实则只是让我们失去了自己的生
活，引导我们成了彻头彻尾的消费主义者。但其实，我们真的不是

消费至上的人，不是吗？"这一次，沉浸在代码世界的丈夫，终于紧紧地跟上了妻子的脚步。

可怜天下父母心！回到家后，妮娜和丈夫为了孩子们，认认真真开了一次以"告别废物App"为主题的家庭会。孩子们和妮娜夫妇坐成一个圆圈，每个人都被分到一张A4纸，各自写下目前手机上在用的各种App名称。然后妮娜和小儿子一组，丈夫和大儿子及小女儿一组，分组讨论，删除第一批认为可有可无的App，每组必须删除三个以上。接下来，再换组讨论，妮娜和大儿子及女儿一组，丈夫和小儿子一组，每组讨论后每人必须删除两个以上。

在最后的合组全家大讨论上，每人必须再删除最少两个，妮娜是三个，因为她的最多。到这个环节，可怜的妮娜全家几乎是带着哭腔了，因为有些App他们真的舍不得啊！可是想到家庭的幸福、孩子们的成长，妮娜还是狠下心，率先删除了自己手机上最后五个里的三个。孩子们看到妈妈如此义无反顾，也只好删除自己选出来的废物App！

世界清净了！从追逐App指南的生活节奏里退出来的那个傍晚，一家人终于可以放下掌心里的手机，心无旁骛地交流，有说有笑吃一顿"正常"的晚餐了！两个儿子也总算不会一从学校回来就躲在房间玩电脑、玩手机不肯出门。

"那种感觉真是太美妙了！我仿佛重新得到了我的丈夫和孩子们！"妮娜舒心地在夏日躺椅上枕着双臂，全身心享受秋日的阳光，"知道吗？以前一天不看手机，就觉得自己已经与这个世界失去联系，也时刻担心错过哪个App发来的打折好消息。但其实想想，好多东西都不是我们要买的，是App要我们买的呀！"

接连两次，不见妮娜来跑步。一打听，妮娜和丈夫鼓励放下手机的两个儿子，重新报名参加了此前中断的冰球俱乐部和足球俱乐部。跑步的日子和孩子们训练的日子撞车，妮娜不得不牺牲自我，承担起接送孩子们的义务。在教育之道上，夫妻俩可谓十分智慧了，深谙"堵不如疏"之道。允许孩子们下载游戏，每天玩两个小时的手机，周末可以玩整个上午或下午。但是，说两个小时就是两个小时，如果偷玩或欺瞒，此计划则取消！这一仁政得到了孩子们的欢呼和拥护。

"生活并不只是删了App那么简单，记得契约精神！"妮娜提醒渐渐开始懂得责任为何物的孩子们。

《权力的游戏7》开播，全家一致通过决议，为爱追剧的妈妈下载了"权力的游戏7"App。"一个App没有也是蛮可怕的，毕竟我们生活在一个高度智能文明的电子时代。"妮娜的丈夫贴心地解释。

为此，妮娜特奖励三个球的冰激凌一支，并附带甜蜜一吻，给身边窝在沙发里的这位开窍码农!

其实，话说回来，从会吃饭就会上网，从小学四年级就开始享受学校人手一台平板电脑福利的北欧人，上网习惯早被惯出来，大概一天不上网，就像一天不喝咖啡一样，无法面对人生。App不是洪水猛兽，瑞典虽小，科技创意发明却是世界领先，人民熟练使用自动化、智能化设备的程度更是独占鳌头。科技文明与生活文明并驾齐驱，瑞典日趋普遍的无钞化消费就是一例。为了简化银行系统操作，降低犯罪率，提高普通大众便利生活品质，瑞典无钞化消费日益发达。从2007年起，瑞典政府就有意识地收紧纸钞流通。到了十年后的2017年，纸钞的流通量比起十年前已经减少了四成有余。

当我们为微信随时随地的便利支付而感叹的时候，瑞典的Swish更是便利到在跳蚤市场买当地人现采的蘑菇都可以手机支付。

所以，当我们决心删除多余的App时，并不是让你和新时代、新科技隔绝，回归"两耳不闻窗外事"的旧社会。凡事过犹不及，删除App的过程，也是一个考验你的时代感召力和知晓自我取舍的过程。只有懂得在纷纭的App中删除多余，比如那些只是容易引导你过度消费的商业App，找出那些真正有用且引领你的生活大步向前的App，你真正想要的便利生活才会脱颖而出。

菜鸟变大神：
10倍效率码农的秘密

"You are the CSS to my HTML[①]！"

——一个程序员的自白

当帕特瑞克风度翩翩地出现在我们约好的咖啡馆门前时，我至少花了三秒才认出他！这个当年一身牛仔T恤，从查尔姆斯理工大学物理学硕士一毕业就一头扎进编程世界的青涩小工程师，短短三年，就从"菜鸟"晋级成了号称业界"10倍效率"的大神！诚然，除了他的天资聪颖，想必他成为大神的背后还有不为人知的艰辛。

---

① You are the CSS to my HTML：码农世界的爱情表白。CSS和HTML都是编程术语。CSS的意思是层叠样式表，用于设计网页样式。HTML是代码。HTML有了CSS样式的美化，页面才更完美。所以You are the CSS to my HTML的意思就是：有了你我的世界才更完美！或：你是我生命里的那抹亮色！

谁知这小子竟没心没肺一口否认了为师我给他体贴设定的"艰辛"人设，告诉我编程的世界，他乐在其中！

程序员的工作，是唯一不可谈论"加班不加班"的工作。因为在一个程序员的世界里，只要电脑不宕机（死机），就随时可以进入工作状态。所以呢，江湖传言程序员不好找女朋友也是有道理的！

不谈恋爱，不婚不娶，随时随地如果不在Koda①，就在思考如何Koda。光头居多，容颜俊美，沉默专注，见了人目光深邃，多情而持久的凝望久久难以从你脸庞上移开。然而，收到这样的注目礼，不要往心里去。他们只是在心里敲打着自己的键盘，需要着陆点的目光只是恰好定位在了你脸上。瑞典十年，这是我遇见的大部分程序员工作中的状态。不过我猜想，全世界的程序员亦然。

三年前，由于和中国公司的合作，经常出差北京、上海，刚入职的帕特瑞克需要掌握一些简单的汉语口语，以及和周边中国同事打交道的技巧。一来二去，投身瑞典人民大学汉语班的他，当了我

---

① Koda：编程。

的学生。一日为师，终身为师！三年后的秋天，此次出差回来拜访我这位老师，算是师徒重逢。我讶异于他的蜕变，这次他当了我的老师，告诉我一个如何"菜鸟变大神"的秘密！

"其实我刚入职的时候，至少半年都在做无效的工作。为了显示聪明能干以及尽职尽责，我的案头永远不分轻重地堆满了需要完成的工作。我甚至给自己定了计划，要求自己将当天计划的每件事在下班之前必须处理完。有一阵子我觉得非常有成就感，尤其是大堆小堆的事情在埋头苦干处理完之后。后来，我恰巧和一位换组调任来的大牛工作了一段时间。反观大牛的工作，什么都是极简化！位图字体工具要买最好的，一点儿不心疼钱！因为大牛说，得心应手的工具会回报给你更多。

"大牛还说，遵循DRY（Don't Repeat Yourself）原则，使用整洁而非巧妙的代码。当你被一个问题困扰的时候，不要死钻牛角尖，给自己10分钟出去喝杯咖啡，或者给意中人发条短信。10分钟后再回到电脑前，你会发现，困扰你的问题也许已经随着那杯咖啡的暖意迎刃而解！

"而给我最大的触动是，我的桌面上各种东西堆积如山，大牛的桌面上只有一只用来时常补充体能的水杯！

"所以，那时我及时发现，每天看似坐在电脑跟前敲敲打打，但其实都是没有灵魂的工作。因为揽太多的事情和任务不会让你看起来能干，只会让你分神！我偷眼看入职已经15年的同事，发现他们也存在这样的问题！当你的案头积压了一大堆工作，不会进行优化取舍，将工作只是作为工作的时候，那么几乎可以断定，你在这个领域是没有多大前途的！所幸我很快走出了这个圈，学会了从行业大牛们那里汲取经验，经验的第一条就是：简单！专注！在你的老板督促你之前开始学习！学会将一切的程序简单化，简洁的语言，简洁的解决方案！"

我曾经给帕特瑞克拍过照片。其中一张是他戴着耳机在学习汉语。帕特瑞克十分欣赏这张照片，认为照片尽显他的事业气质：专注，全神贯注！"没错，我就是这样的！只要开始工作，就会戴上耳机，但那并不是为了听音乐，而是一个姿态，告诉别人：请勿打扰！这招的确十分有效，戴上耳机后，工作效率翻倍！那些在大学时代养成的时不时就要看看手机、刷刷看社交软件的毛病几乎全部戒除了，除了Twitter^①，其余的，包括

---

① Twitter：推特，社交工具。

Facebook^①在内，我全关闭了。"

所以，你发现没有，菜鸟变大神，只要一步：专注！试着将一切简单化！不管是在现实生活中，还是在编程的世界里，化繁为简，就是引领你通向成功的那束光！简单可以激发你的创造欲！所以呢，四大简单粗暴法则也不是没有道理。

四大简单粗暴法则：

喜欢就买，不行就分，多喝点水，重启试试。

---

① Facebook：脸书，社交工具。

我的每一只锅碗瓢盆都是神

简约会激发人"少而精"的潜意识！

比如，能用一个杯子就不要用两个，

如果不够，就洗一下再用！

——题记

定于本月最后一周的周六下午一点，在家举行本人生日派对！派对为自助形式，礼物不必。每人请带菜一份。菜品选择请见附件。OBS^①：请务必自带刀叉盘！—— 爱你们的艾娃

两周前，收到好友艾娃的生日派对请柬，不由得微笑！——还真是符合做人事经理的艾娃的性格。

———————————

① OBS：请注意。

这些年，随着高科技、高智能化的发展，极简风格似乎也被新锐一代从办公室带到了家里。记得刚来瑞典的时候，去参加瑞典人家的生日派对，不说沉重精美的正餐餐盘，就是饭后的Fika，也必须是成套的杯盘盏碟相配。虽说食不厌精、脍不厌细，可在瑞典人家，尤其老派瑞典人家，这种与烦琐的杯盘碗盏打交道的仪式感，不输斯德哥尔摩老城警卫们的交接派头！

受不了这种冗长烦琐的进餐仪式，更受不了总是围着锅台转的感觉，干练的艾娃带头在朋友们中间践行起"物尽其用"原则！第一步，就是去除多余的刀叉碗盘，家里两个大人、两个孩子，一共四个人，每人只配一副杯盘刀叉，贴上自己的名字标签，随用随洗。这一来，仅清除出去的多余厨房用具，就装了三大纸箱。那都是几年来收到的生日礼物啦，圣诞礼物啦，孩子洗礼礼物啦，双方老人家心血来潮的赠品啦，不知不觉攒满了橱柜。所以，去艾娃家做客的时候，你永远不必担心洗锅刷碗的烦恼。因为她家的锅碗瓢盆少之又少，循环利用，洗无可洗！为此，艾娃连洗碗机都放在二手交易网上卖了。

用卖洗碗机的钱，又加了点钱，艾娃为自己添置了一套丹麦

"Eva Solo[1]"简约时尚厨房用品。"做饭是一种享受，是一种生活方式，不是苦役！无论是对我还是对安德士。"已为人母而不改少女本色的艾娃非常享受做饭时蔬菜在锅里跳舞的乐趣。

随着年龄的增长，艾娃越来越认同"生活就是做减法"这个道理。比如她和安德士的关系。两人十分相爱，但同时都是地地道道的同居生活捍卫者，虽然住在一起十年已经有了两个孩子，日子越过，两人越觉得同居生活的舒适。二人共同抚养孩子，尽职尽责，在生活里的付出，与一般婚姻无二。"我们不需要一张纸来证明我们的爱！"这是两人的爱情宣言。

"瑞典未婚同居等同于结婚，受法律保护。两人坚持同居也只缘于简单的爱和关系。而且同居也并不表示自私，不想为家庭担责。每月发工资之后，双方都会拿出一部分用于家庭运转。我的钱负责一家大小吃饭穿衣旅行，安德士的那部分负责每月房租、汽油费及其他花销。两人生活，是锅碗瓢盆协奏曲，但时常也会有不和谐的声部。比如有些观点，当我们说服不了对方，就容易起争执。

---

[1] Eva Solo：Eva是一位来自丹麦的以厨具为主打产品的女设计师。Solo的意思是单身、一个人。Eva Solo的意思就是一个人做饭也能做得活色生香。Eva Solo这个来自丹麦的公司已有百年历史，以设计生产高品质的的厨房用具而著名，是北欧简约设计理念的典范之一。

拿安德士来说，他喜欢玩股票，而我对之毫无兴趣。我喜欢存款以备不时之需，而安德士对此不以为然。这些矛盾不可避免，但我们只是希望将其降至最低。同居关系里除了公共花费承担那一部分，我们很少过问对方的经济花销。同居，少了一份婚姻的契约，取而代之的，却是绵绵无尽的信任、尊重和珍惜。在一起爱就是爱，不是为了束缚，也不是为了要改变对方什么。在一起而又没有自由的羁绊，反而更照顾对方的情绪，更为对方、为这个家着想！因为这是一份完全纯粹的以爱为前提的长情的陪伴！"

　　艾娃所言不虚，每次去她家里做客，安德士从来不会像地主家的二少爷一样，拿张报纸往沙发上一坐，家务活都让妻子干。孩子们最喜欢酸甜口味的食物，妈妈艾娃和爸爸安德士独家研制了"艾德牌"番茄酱芸豆炖牛肉。安德士负责洋葱、牛肉、芸豆等所有主料配料的洗切泡，艾娃负责将所有食材按口味优化的先后顺序加不同作料下锅料理。煮成，芳香四溢，孩子们一边捏着就近面包店买来的现烤面包，蘸着浓厚的牛肉汤吃得小肚儿圆圆，一边高呼"爱妈妈，爱爸爸"！乐得艾娃和安德士发誓要研制更多美味伺候饭桌上的"小主子们"。

　　饭后，艾娃为了保持曼妙的身材，一边坚持每餐后必贴墙"罚站"的一刻钟收腹提臀训练，一边看孩子们在客厅看书、搭积木、拼乐高，自由玩耍。安德士则早已撸起袖子，开始清理打扫厨房战场。日复一日，没有被家务活过度劳损的艾娃，即便生了两个孩子，也还是神清气爽的少女气色。而安德士，则早从单身时代的高冷少年成长为无所不能的厨房战神！

在这种简约关系的影响下，连带艾娃家的锅碗瓢盆都简约起来，这才出现上述一幕。简约会激发人"少而精"的潜意识。连带那些本不值钱的东西，因为物尽其用的原则，也变得尊贵起来。当你使用又多又便宜的东西时，你对用的东西很难产生珍惜感和仪式感，可是当手头的东西就那么几样的时候，你会变着法地使用它们，无形之中提高了它们的存在和价值！现在，我的每一只锅碗瓢盆都是神！简约赋予了它们价值！

生日会上，艾娃准备了精美的餐饮和蛋糕，但拒收礼物。"每一件未经计划来到我家的东西都是多余的。"艾娃高调地宣布。精简过的厨房成了闺密们聚会的胜地。喜欢植物的艾娃充分利用了空间，在一面墙上用壁挂花盆种满了可食花草。除了迷迭、罗勒、百里、薄荷、鼠尾这些大众香草，旱金莲、多肉石莲、旱墨莲、金线莲这些令人意想不到的花界小清新，也或仰盼或俯首，高成低就地在艾娃家的厨房里婀娜多姿着。

"厨房就得有厨房的样子，我得保证厨房里的每一盆花都是能吃的！"说话间，每人的盘子里已经多了一朵花事正盛、橘黄妖娆的旱金莲。花花草草下方铺着地毯，放着一圈舒适的沙发。说是去庆祝生日，密友们却横七竖八地窝在沙发里，尽情享受艾娃的厨房带来的惬意。

"还记得去年的生日会吗？整个一场生日聚会，大部分的时间我都在张罗饭菜，根本没空和大家聊天。虽然人还在餐桌旁，心却已经开始计算烤箱里的派有几成熟。但是现在，我们吃的比去年更丰盛了，比如我们还品尝到中国的春卷，可是我们的聊天一点儿也没有耽误！我认为这才是聚会的意义！"

这个观点得到了大家的认同。

"所以，姑娘们，行动起来吧！先从扔掉厨房里那些多余的锅碗杯盘开始！能用一个杯子就不要用两个，如果不够，就洗一下再用！"艾娃握着她的"Eva Solo"杯子，仿佛她就是这种生活方式的代言人！

Chapter 2

回归生命的本质

越 简 单 ，
越 美 好

一种规律的生活方式，

一个广泛阅读的习惯，

一盘好而优质的食物，

一份好心情的体重管理，

这些点点滴滴的小事，

都是你自我进步的基石！

独处的魅力

独处对瑞典人来说，

简直是一种挥之不去的人生蛊惑！

——题记

想要探讨独处的魅力，须先从瑞典人对爱的理解与定义谈起——对世界上大多数的人来说，瑞典人的爱，未免显得另类！

记得不知何时，看过一张漫画，画的是瑞典人，相比其他国家的人，在谈恋爱时过程顺序有所不同。正常来讲，人们的约会恋爱是这样的：约会，见面，Fika；好感提升的话，进一步约烛光晚餐，恋爱，上床。而瑞典人的约会恋爱简直是婚恋界的"骨骼清奇非俗流"，它的画风是这样的：见面，然后直接蒙太奇：上床。之后，如果有好感，再Fika，正式约会，烛光晚餐。

求证，拿给瑞典人看。十个瑞典人里有九个哈哈大笑，表示Rolingt①！那灿烂无邪的笑脸，几乎没有人异议或否认，哪怕最木讷的男人，也表示认可。更别提瑞典女人们了。

瑞典女人强势，众所周知。现代的瑞典女性，是被女权主义惯着长大的一代人，向来是我的性爱我做主，所以才有了1965年通过立法的《反婚内强奸法》，主旨就是保护女人，当女人不想性爱的时候，哪怕是夫妻也不行。所以中国国内霸气的"墙咚""床咚"，在瑞典男人这里是想也不敢想的，搞不好就会被妻子以"强奸罪""性骚扰罪"告上法庭。

然而，先上床再约会的散漫和婚内强奸法的严厉，在瑞典人这里竟得到了丝毫不矛盾的统一。人是群居的动物，长年生活在寒冷气候里的北欧人，更希望有家和爱情这样的温情载体。但经济的高度独立和对生活品质极致的追求，又决定了两个本是陌生的男女，因情生爱而组建起来的家庭，绝不会是因为物质、孩子，或者双方老人等这样的因素而存在。

---

① Rolingt：有意思。

　　这种爱的态度，不仅体现在人与自我的相处中、男女双方的交往上，也体现在对待孩子的态度中。

　　在我曾经工作的幼儿园，孩子才是个小围兜，还手不离奶瓶，而父母已经劳燕分飞的比比皆是。即便在学校，这也是再正常不过的一件事。我曾参加过瑞典朋友的婚礼，也参加过瑞典朋友的离婚聚会。一次离婚聚会上，男女双方的一段发言令人记忆犹深：我们虽然离婚了，也可能会在未来寻找各自的另一半，但对孩子的爱不会变！我们会一如既往地爱护孩子，寻找一条最好的路陪伴孩子长大！

　　这条最好的路，就是瑞典流行的"一周父母"，离异的夫妻每人轮换一周带孩子，爸爸妈妈在孩子成长中谁也不能缺席，直到孩子成年！

　　自然地，带着孩子找伴侣的人，往往更在意新的男朋友或者女朋友对自己孩子的态度。而最重要的一点，北欧的父母永远把孩子当作成年人一样来对待，无论是离异、恋爱还是再婚，孩子都是父母这些人生重大事件的见证人。父母会把孩子当成小大人一样，跟孩子解释为什么爸爸妈妈决定不再在一起，而且会保证无论如何，对孩子的爱只会有增无减。挫折也是生活中必修的一堂课，尽管人们都渴望幸福安稳的一生。在挫折里，父母坚持了自己的人生信念，孩子也将在父母的挫折里学会不同的爱的教育！

所以，瑞典的孩子不会对自己或者同伴家庭的变故大惊小怪。这就跟知道自己的父母只是同居而非结婚一样。爱，以不同的形式存在着。如果一对瑞典男女兴起结婚之意，那绝对是因为床上的高度契合和精神上实至名归的爱情。性建立在爱之上，爱反过来滋润了性。爱在瑞典人的婚姻里，占着绝对主导的因素。

正因如此，爱在瑞典人的两性关系里才会以那么多五花八门的形式体现：两个人相爱，但不必住在一起，因为彼此都需要独处的空间。如果你和一个瑞典人互生情愫，千万不要一上来就说"我们约会吧"，那会给对方带来巨大的压力。两个人有了孩子，也不必结婚，可以靠着爱的信念同居几十年。何况同居也同样受法律保护。对于婚姻那张纸，傲娇的瑞典人表示并不十分在意。他们在意的，是身边那个实实在在的人带来的实实在在的感觉！爱的时候，亲密地在一起！不爱了的时候，如果没有财产纠葛，网上下载个表格都能把离婚办了。这一切，皆源于瑞典文化里的独立精神和习惯独处的性格。孩子不会成为两个人勉强在一起的借口。

爱对于北欧人尤其瑞典人，意味着什么？那就是看两人是否能够分享独处时领悟到的生活真谛，比如人生观、价值观、孩子的成长、一本好书、一部电影、一次旅行，或者一句话，等等。除了星期五的酒吧派对，大部分的时间，瑞典人都是安静而内敛的。坐公交车一定要一个人一排座位，身边最好不要再坐其他人，如果车厢内还有空座位的话。公交车站等车的时候，最好都保持南极大风雪里企鹅的御寒姿态：大家都精准地计算好彼此的间距，一个萝卜一个坑，沉默而内敛地站着，不要交谈，也要避免与他人的目光直视。而作为一个标准的瑞典人，可能这时正手捧一本书沉浸在自我的世界里，最好再戴着耳机！这就意味着，北欧人找伴侣，并非只是找一个居家过日子的爱人，更是在找精神上的另一半。否则，单身对北欧人来说，似乎也不是那么可怕的事。

在瑞典，可以这么说，至少有1/3的人都过着单身的日子，而且乐在其中！

回到家里，那些有家庭的宣称很忙、已有计划的瑞典人，除了与家庭成员的交流时间，往往有1/3的时间一定是自己的，窝在沙发里看书也好，在线观看电竞比赛也好，打电玩也好，上网冲浪也好，与朋友煲电话粥也好，或者什么也不做，只是陷在沙发里对着电视频道发呆也好，这些对于一般的有家庭的瑞典人都是舒适的常态。

　　家对瑞典人来说，一定是哪怕儿女两三个，一天之中也一定会有一段只属于自己的时间，最大程度放空自己，做做只有自己喜欢的事。这时候，谁都不可以打扰，哪怕是亲爱的另一半，哪怕是至爱的孩子，也不行。这就是瑞典人在自我与家庭之间的平衡。而且有时候，妻子要求的自我空间比丈夫更大。

　　瑞典人从出生就习惯于独处，刚出生的小孩，从断奶开始就可以在自己的房间里独睡，一直到成年。所以北欧人对独处和自我空间的要求，是习惯使然也是性格使然。若你和一个北欧人恋爱，两人能共居一室，能进行不尴尬的独处时，你俩的关系才算稳定，你们也才算迈着小步走进了彼此的生活。若一个北欧人和你在一起，时时谨慎地照顾你的情绪和需求，那你们的关系还是摇摇欲坠的，因为你们之间还隔着一段自在独处的距离。

　　有距离的相爱，是瑞典人家庭相处的理论核心。瑞典人强调个

人空间的时候，并不是意欲行不轨之事。大家只是要一点时间，来
完成日积月累的自我精神体系的构筑。完善的自我精神体系，不仅
有益于自己，有益于他人，也有益于家庭，有益于整个社会。一个
有精神内涵的人，常常自我探索与反省的人，才有控制自我情绪的
能力、专注做事的能力、成熟地爱一个人的能力，以及对整个家庭
和社会负责的能力。而这种能力的培养与训练，是与每天独处的习
惯分不开的。

北欧人的吃
与素食主义

如果一个人不用为吃操心，不用为每天吃什么而发愁，

那么毫无疑问，生活会简单一大半！

——题记

　　在我来到北欧之前，从未见过世界上有这么多对食物过敏的人！加上各国文化的融合，所以每每欲举行家庭派对时，主人必先不厌其烦地以电话或短信询问每一位被邀请的客人：可有过敏或忌口的食物？鸡蛋、牛奶、面粉，包括杏仁在类的各种果仁，都在食物过敏的名单里！更有甚者，在我曾经工作过的幼儿园，因为一个孩子不能吃鸡蛋，连鸡蛋的味道都不能闻，所以整个幼儿园从菜单中拿掉了鸡蛋这一选项！说起来，这未免对别的孩子不公，但是瑞

典，是一个永远为了一小部分人，愿意放下自我、照顾大全、求同存异的国家。就像一个公司里的聚会，如果在场10个人有1个人不会说瑞典语，那么即使其余9个人都是瑞典人，大家也会不约而同地用英语交谈。这是文化，也是修养，就是为了照顾那一个不会说瑞典语的人！所以，为了简单的生活，瑞典人的派对越来越趋于自主化！不管参加谁的、什么样的聚会，自己带一份菜过去就好，方便自己，方便大家。

瑞典著名的冷淡风，不仅体现在非黑即灰的衣着风格上，也体现在日常的饮食里。大概大家也听说了讨论得热闹非凡的丹麦生蚝热潮。瑞典大致相同。地处斯堪的纳维亚半岛，三面环波罗的海，海鲜要多少有多少，价格便宜得不像话！所以除了鳕鱼、三文鱼、帝王蟹、波罗的海大龙虾，别的海鲜诸如青口、碗口大的活螃蟹，以及各种尺寸的鱼虾，北欧人是瞧不上眼的。包括在中国物以稀为贵的生蚝，因为开壳麻烦，北欧人也只是每年开个"开生蚝大会"，象征性地尝一下。生蚝的存在对北欧人来说，更是炫技的需要：不会开生蚝的北欧人，不是一个好米其林大师！

像海鲜这样的鲜物，都被北欧人有一搭没一搭地挑剔，更别说其他肉类了！牛肉在西方国家是个例外！除了像比萨一样充斥着大街小巷的西餐馆里的牛排，以及快餐里的汉堡，牛肉大显身手的地方可能就在大名鼎鼎的肉丸上了。不过，位于哥德堡歌剧院对面的一家名为"舌尖上的瑞典"的正宗瑞典餐厅，用当年采摘的新鲜黑胡椒研成粉末，来腌制上好的生牛肉，端上桌时，除了点缀的一撮新鲜薄荷叶，不动一丝烟火，吃时用红酒搭配，简直可以代表近年来瑞典流行主义饮食走向了！除此之外，所有在北欧超市里其他的肉类，都是卖不过蔬菜的价格的！在青黄不接的2、3月，连土豆的价格都可以赤裸裸地碾轧猪肉的价格！更别说那些被我们视为珍馐的猪脚、猪耳朵，经过北欧人简单的炮制，都只是特供给狗儿的零食！所以每每从超市偷偷买了瓜子，用铁锅炒了之后嗑，都心存惭愧，仿佛是不人道地抢了鸟儿的过冬口粮！

如果一个人不用为吃操心，不用为每天吃什么而发愁，那么毫无疑问，生活会简单一大半！也许这就是越来越多的北欧人选择素食的原因。

诚然，不忍杀生、关爱动物是很多素食主义者的口号。但是，反观北欧人的饮食作息习惯，你不能否认，简单而营养，让质朴的食物对身体发挥高效的作用，节省出更多的时间干别的事，是北欧人认可的一种生活方式。毫不夸张地说，在我认识的瑞典人里，至少有四成是素食主义者，一成是生食主义者。生食主义者，连对食物的煮食都认为是过程的烦琐和对食材营养的破坏！

当我好奇地问起素食与生食主义者何以为之，尽管彼此都不认识，但大家给出的答案大致相同：第一，素食更健康；第二，素食的烹调方式节省更多时间，可以用来做别的事。生活会相对变得简单！那么生活的成本呢？不要认为素食主义者会过得像个苦行僧。相反，超市里高出普通菜价一半的有机蔬菜，消费的主力军可都是素食主义者。这里又引出另一个层面的话题：环保！除了饮食的健康，越来越多的北欧人在饮食与环保这一方面也达成了共识：选择有机蔬菜更有益于环境保护！

近年来，素食主义者愈来愈有低龄化倾向。20世纪90年代出生的北欧年轻人，很多都有兴趣成为素食主义者。作为一种风气，大概年轻人也觉得素食是一件很酷的事。没有父母在厨房伺候做饭，出去吃又太贵，所以每个成年后搬出去住的北欧年轻人，如果不想每天吃比萨，那么面对人生的第一课，就是自己搞定自己的饭菜。这也是很多国内娇生惯养的留学生，留学几年回去后，变成厨房大神的原因：环境造就人才！所以，至少素食主义者，在厨房烹调的时候，面对散发着大自然光泽的五颜六色的蔬菜，在感官上，已经激发起了吃饭这件事的前奏：赏心悦目的愉悦感！另外一个诱人的原因就是：简单健康！可以节省大把的时间，出去约会、健身和学习见识新事物！

想要把事情搞复杂容易，但想把事情做简单，却大不易！人类花了大约250万年的历程，才终于学会不把生活的重点放在只寻找食物上。其实食物在潜意识里，是人类欲望的代名词。学会降低对食物的兴趣，无疑是成功的对自身欲望的掌控。一个人见识越广，反思越深，就越清楚，在寻求食物之外，有更多有意义的事情，值得去花和对待食物一样的心思去做。这也是北欧诸国，尤其瑞典，能成为全球创新发明最多的国家的原因之一。

当北欧人谈论素食的时候，谈论的不仅仅是素食本身，而是在"主义"上。素食主义到底包括什么？其实这种"素食主义"，渗透在北欧人行事作风的方方面面，是一种至简的生活态度。曾经看过大量的各国人旅行的见闻，大多数国家的人将品尝所到之处的特产小吃，隆重推到旅行收获的榜首。唯有北欧人，将当地的自然风光和人文推及榜首。所以每每问一个北欧人旅行地有什么好玩时，最好不要问当地有什么好吃的，不然你将一无所获。北欧人也爱品尝世界各地美食，但那记忆只会留在品尝时的舌尖上，不会留在脑海里。他们会清楚地记得当地河流的走向，却记不得当时曾经吃过什么。

关掉手机的
溪边营地聚会

规律生活是品质生活的保证！

——题记

在我的上本书《这么慢，那么美》里，曾经提到过北欧人"三个半"作息时间这一概念。何谓三个半作息时间？那就是晚上十点半睡觉，早上五点半起床，起床后半个小时阅读。三个半作息时间，听起来容易做起来难！晚上十点半睡觉，要有放得下掌中手机的勇气；早上五点半起床，要有众人皆睡我独醒的毅力！再加上起床后半小时的阅读，长年累月的积累，你已经战胜了自己，完善了自己！

有时候，
我们常常后悔当初的选择，
痛恨自己向生活妥协，
说到底，
就是心中没有顽强的信念

北欧极简风格的装修

北欧简约的家居风随处弥漫

理想实现的必由之路，
也不过是学会一生简单专注地做成一件你喜欢的事罢了

推着婴儿车过马路的北欧奶爸

北欧流行的二手跳蚤市场

环保单车盛行的北欧

爱骑单车的北欧人

北欧人穿衣打扮的极简风

北欧人无论穿衣打扮抑或
居家装饰，永远只钟爱
黑、灰、白三色

女人最好的武器是女性之美和有趣

滑雪是北欧人的全民运动

北欧人与大自然芳华的一生

北欧人家的私人马场

北欧人，不是在健身，就是在健身的路上

秋日森林采蘑菇

　　而最初听到以及体验到这个神奇的概念，就是在一次名为"溪边的营地聚会"上。

　　瑞典森林覆盖，深入里面，却并不阴森恐怖。没有藤蔓横缠，没有毒虫肆虐。大抵由于北欧冷的缘故，动植物种类相对稀少，毒物类更是罕见。原始的自然森林茂密而干净清爽，是北欧人探险、徒步、单车穿越、采蘑菇浆果，以及定向越野的好去处！走进茂密的森林，就像爱丽丝走进了梦游中的仙境。潮湿阴凉的地面上长满青苔，落满厚厚的松针。松针之上，阳光照进来的地方，长着密密的蓝莓丛。高耸的松木像公交车站等公交的北欧人那样，棵与棵之间保持着恰当的距离，每棵树之间的距离仿佛经过计算，既不紧密，又不疏离。晨曦或傍晚的阳光从树叶间洒进来，成为一束束笔直的金黄的光，在茂密的森林腹地形成强烈的明暗对比，煞是震撼人心！那样的光，仿佛是从神明那里来！

　　而匍匐于松木脚下蓬勃生长的，是绵延无尽的蓝莓王国。春夏之时，蓝莓果实娇嫩的花苞伴着嫩绿的叶子一起生长，在盛夏开出粉红的花朵，漫山遍野，花开得密实而低调，可真担得上"娇而不艳，朴实无华"这些字眼。待到8、9月蓝莓时节到来，你就看吧！呼啦啦的，成千上万株蓝莓丛，每个枝条上都结满了浆汁饱满的蓝莓果，等待着人们的采摘。而当人们采摘的时候，总会留下一部分，给森林里的主人们：驯鹿、野兔、熊及鸟儿等！采蘑菇也是，人们不会把蘑菇采个寸朵不留，总会自觉留下一些给那些后来的人。上帝的归上帝，森林的归森林，不常去教堂的北欧人，在心里有一本自己的《圣经》！这是看不见的，却深刻在北欧人心头的为他人着想的善良和取舍有度！

　　森林里有潺潺的小溪流过，小溪两边长满阔叶的水生植物，常有露营的人安营扎寨，将帐篷搭在离小溪不远的松林里。长此以往，人慢慢多起来，有了一定规模，"溪边的营地聚会"协会正式成立。凡是热爱大自然、有环保意识、有勇气和毅力一周不玩手机的，都可以参加。聚会的宗旨，就是暂别摩登社会，返璞归真，过回原始生活。

　　每年一次的聚会选在森林浆果、蘑菇丰盛的9月中旬。带的食物足够吃一周，却极其简单，面包、果酱、黄油、芝士、香肠、冷肉、冷熏鱼类及耐吃的包心菜是首选。其次，就是干净的饮用水。第一次毫无经验，却忍不住好奇心，跟了朋友一起去。

　　参加聚会的有30多人，白领、工人、学生、工程师、老师、教授、失业者、男女老少、家庭、情侣、单身，不一而足。等到大家见面，不远不近分散到周围附近，30多人的场面，包括孩子，却安静得好像一个人！结伴而来的人，各自安营扎寨，低低地说笑交谈，相比之下，林间婉转不绝的，唯有鸟儿们的歌唱！

聚会的内容完全是自由的，你也可以说它是一次林间的禅修。除了不许开手机，这七天的内容，完全交给大家自己去打理！如果需要补给水，或开伙做饭，或如厕，可在遗留下来的设施完好的守林人的小木屋进行。条件是走之后两周内要将用过的东西一一自觉补齐，留给后面的旅人以备不时之需。

那真是一次令人大开眼界的体验！早听说北欧人动手能力强，别说动手组装大大小小的宜家家居，就是盖一幢房，也不是不可能。但我没想到这种动手能力真的是不分性别，不分年龄大小。如果不是事先知道这只是一次极普通的由普通人组成的营地聚会，我差点以为我在跟着西点军校在进行野外生存训练！跟着父母来的8岁的小女孩安娜和11岁的哥哥亚当，背包全都是自己打点，需要带什么都是自己选择。除了安娜抱在怀里的毛绒狗狗和已经穿戴好的北极狐户外风衣裤、长腿雨靴，两个小家伙打点的背包像模像样：野营必备的睡袋捆扎在背包上方，开伙用的小铁锅挂在背包一侧。换洗内衣裤、防潮防虫高腿袜、小刀、防潮火柴、书、太阳能台灯、指南针、森林地图等，巧妙地挤在背包里，有条不紊，多而不乱。

他们是怎么知道要带这些东西的？我大为讶异！后来才知道，这些户外露营知识，包括如何打包，一部分来自学校课堂，而更大部分，来自父母的言传身教和网络搜索。瑞典人爱旅行，全球闻名。单身的时候单身游，有了孩子带着孩子游，没有什么能阻止瑞典人一颗向往自由、向往阳光的心！学校每年也会组织童子军背包帐篷夏令营，最大程度让孩子们亲近大自然，顺便也训练一下野外生存能力。

安娜后来轻声轻气告诉我，这是她第二次来。第一次来的时候，因为经验不足，没有带书和画笔，晚上大家都在帐篷里阅读的时候，安娜只有闭着眼睛强迫自己入睡，简直尴尬得要死！所以这次来，安娜首先想到的，就是带上足够七天阅读的书。"至少三厚本！"小人儿笃定地告诉我。

"森林里有什么好玩的？"我问安娜。

　　"森林里有松鼠，有野兔，还有驯鹿。驯鹿个头大，但是不要怕！驯鹿是比我们怕它们更怕我们的！遇见人，驯鹿会偷偷跑开，不让你有一丝发觉。但是万一发现了，也不要担心，你就要看着它，对它微笑！但是最好不要让我们遇见它们，尤其是带着驯鹿宝宝的！"那时，安娜的大蓝眼睛紧紧看着我，"你千万不要走在驯鹿妈妈和驯鹿宝宝之间，那样驯鹿妈妈以为你要伤害宝宝，一定会攻击你！那是相当危险的！"安娜严肃地告诉我。此言不虚，我也听有经验的瑞典人传授过经验，不要走在驯鹿妈妈和宝宝之间，不要隔开母子俩！不然那时护犊心切的驯鹿妈妈会一改温驯，攻击人类。

　　"你怕蛇吗？"小人儿继续用湛蓝的大眼睛看着我，那里面有一种与生俱来的、北欧人特有的天真与安静的力量！我点点头："非常怕！"

　　"嗯，我也怕！但是不要怕！"小人儿看着我，"瑞典的蛇只有四种，都是无毒的，森林里可能会有，但是你通常不会遇到。蛇是靠听觉的，所以你怕蛇，就要在担心有蛇的地方重重地踩脚和走路，那样蛇就会偷偷溜开！"

　　我简直被小人儿在她那个年纪颇为渊博的知识惊呆了："天哪！你是怎么知道这些的？"

　　小人儿耸耸肩："看书咯！书上有，网上也有。"

　　连孩子都早早练就了这种生活本领，除了佩服，我还能说什么？！

　　临别的时候，小人儿又给了我一个知识点：带防蜱虫喷雾了吗？我点点头！小人儿满意地笑起来，放行。回到帐篷，给同伴讲起与安娜的交谈，同伴也大为赞叹。说到蜱虫，这种可能由芬兰登陆，近年来潜入瑞典的携带着西伯利亚TBE①病毒变体的致命小虫，倒是提醒了我和同伴！我们赶紧拿出喷雾，全身上下一处不漏地喷了个遍！

　　说起我持续了两年的"三个半"作息时间功力，就是在这次溪边营地聚会上练就的。人体真的是个神奇的构造，对生活环境具有几百万年来进化而成的超高适应能力！只要做好计划，持续不断的三天准时睡觉，准时起床，起床后边喝咖啡边进行半小时的阅读，

———————————
① TBE：森林脑炎。

三天后，作为一个亲身体验者，我保证，身体和意识很快就会接受这个新的时间作息系统，并且良好运转！坚持三周后，根本无须闹铃提醒，每到早晨五点半，你的身体就会从优质的睡眠中与冉冉升起的朝阳一起苏醒！

看，这种稍微改变一小步、生活翻新一大步的魅力生活，其实不过是稍稍调整你的作息时间而已！每天，只要比别人早起半小时，你就会看到人生难得的风景：斗转星移，晨曦初升，清晨无人的街道，出去走一走，世界安静到你仿佛到了另一个星球！那时，你有一种大自然赐予你的、发自内心的愉悦感！你比别人多赚了几乎两个小时的时间馈赠！但是此时，请你一定不要为了早起而早起，你一定是为了内心的安宁而早起，为了半小时惬意的阅读而早起！然后，书中的智慧又让你更加内心安静，目光清澈！唯其如此，你才能体会到"三个半"作息时间的魅力！而不是无所事事，哈欠连天，坚持不到几天，让壮志满满的计划无疾而终！

每个人来溪边营地的目的各不相同。我是为了好奇和训练规律作息时间。而身为室内环境设计师的同伴，因为工作勤奋努力，经常想着未完图纸，未免焦虑，导致常常失眠。而每年一次、一次为期七天的营地聚会，这种来自大自然的安抚力，对失眠有着惊人的治愈能力！

　　漫步在森林里，让你不由得思绪万千。人常说，不如意事常八九，可与人言无二三！生活中我们有着各自难与人言的烦恼，与别人说，别人只能劝你，不能帮你，能帮到你的，只有你自己！这种帮，就是通过各方面长年坚持不懈的自我训练，让自己变得更优秀！又说，你若盛开，芬芳自来！一种规律的生活方式，一个广泛阅读的习惯，一盘好而优质的食物，一份好心情的体重管理，这些点点滴滴的小事，都是你自我进步的基石！胡适先生有一句话说得好："怕什么真理无穷，进一寸有进一寸的欢喜！"这些点点滴滴的努力，散开来，是繁星点点，但当你有一天做成了，生活馈赠给你的，便是一个美得炫目的星空！

有计划的
生活更自由

每一个不曾起舞的日子，
都是对生命的辜负！

———尼采

　　我们智慧的老祖宗老早就懂得人生进退尺寸间的道理：没有规矩，不成方圆！这句话放在北欧人这里，成就了每一个北欧人的生活态度和理念，而且得到高度认同：有计划的生活更自由！

　　在国内，生活是很热闹的，几乎没有界限。拜访朋友、约茶会饭局都是即兴的，那份随性，就像我们的水墨画一样，带着大大的写意！唯有那样，可随时进入别人生活的方式，才仿佛显得家人朋友亲密无间。刚来到瑞典的时候，我极不适应这里的一套，每每兴之所至，邀约朋友，尤其瑞典朋友，总会得到婉转、客气、无情的回绝。被回绝过几次，就长了心，长了记性，知道如果不提前两周，你是约不到朋友的。不管对方跟你关系多好。因为别人都有别人的计划，你突如其来的邀约，只会打乱你傲娇的朋友的生活计划！

有没有感觉到我们常常向懒惰或者脆弱低头呢？很多人自喻"懒癌患者"或者"拖延症患者"，其实其本质，就是在内心里难以建立起强大的生活信念感和责任感。在我接触的很多北欧人里，很少有人甚至略带自豪地称自己是"懒癌患者"或者"拖延症患者"，哪怕只是玩笑。我常常讶异于北欧人对待生活的认真态度和只要决定了就很少轻易放弃的坚持。而很多人的成功，真的也无非是对选定的目标数十年如一日的坚持。这跟格拉德威尔在《异类》中提出的"一万小时定律"有异曲同工之妙。

北欧人对既定计划的执行，几乎有着强迫症般的偏执。在瑞典，流传着这样一种说法：如果想要激怒一个温和的瑞典人，只需占用他预订的洗衣房、洗衣时间即可。

瑞典城市里的居民大部分以公寓居多，公寓的底层是物业提供给居民们洗衣用的洗衣房。里面包括功能齐全的洗衣机、脱水机、甩干机以及烘干机等种种设备，十分便利。很多居民即便家里有洗衣机，但功能也没有洗衣房的齐全，洗出来的衣服还需晾晒，倒不如直接送到洗衣房，两三小时后，洗好烘干的衣服，可以直接穿上身。

但"狼多肉少"，居民人数多而洗衣机有限，就牵扯到预订。从周一到周日每天早7点到晚10点，里面的时间段只要还有空当，随时可以预订。你从上午9点订到11点，这个时间段就是你的。通常预订的洗衣时间最多不可超过四个小时。如果你错过预订，那么很有可能要排到下周，因为周一到周五大家都要上班，好不容易轮到周末，都是做清洗的日子。所以如果不知好歹的你占用了别人的预订时间，就很有可能打乱人家整整一周的生活计划，这对"不计划，无生活"的瑞典人来说，简直是"是可忍，孰不可忍"，一定不能饶恕的罪过。

然而，再生气，对那些对情绪有绝对控制力的瑞典人来说，也只不过是怒气冲冲地写一张"谁这么不自觉打乱了我的计划？我很生气！"的字条，署名"眼下很愤怒的邻居"，贴在洗衣机上。要想看到两个瑞典邻居干仗，那几乎是不可能的事情。所以在瑞典生活，只要不踩这个雷区，你永远是左邻右舍的好邻居。当然，晚上10点半以后禁止喧哗，这也是要注意的。

为什么？为什么明明自己一个人没事干，闷到可以长出绿苔来，也不愿出来和朋友们喝一杯？一位意大利人这样抱怨他的瑞典同事。其实这位意大利人不明白，北欧人的闲待着，也是其众多计划之一。下面就是一个经典的和北欧人预约的情景。

嘿，亚当，我们周末要举行海滩烧烤派对，一起来啊！不明就里的外国人这样约他们的瑞典朋友。

海滩烧烤派对！听起来真不错！可惜周末我已经有计划了，不能来。瑞典朋友回答。

哦？有计划了？不甘心的外国朋友这样追问。

是啊，我已经答应带我的狗狗去森林散步。

带狗狗一起来啊？

啊，哈哈，不了啊！说好了带狗狗去森林。

怪谁啊？只怪你没有赶在他家狗狗之前约到他！哪怕你是一个一等一的美女。

但是，当你熟悉了瑞典人的游戏规则之后，他们简直时时给你惊喜。比如，你提前两周约了一个家庭周末派对，里面有北欧人，有其他国家人。然而到了约会那天，似乎神明在考验你们的友情，无情地下起了瓢泼大雨，里面还夹杂着小冰雹。于是你陆陆续续收到朋友们的短信，表示天气恶劣，难以前往。正当你面对着花了一个周末早早准备的一桌丰盛饭菜沮丧的时候，门铃响了，一脸湿漉漉、头发滴着水（北欧人，尤其瑞典人，都没有下雨打伞的习惯）出现在你家门前准时赴约的，绝对是瑞典人没错！

这就是北欧人的交往原则，不在计划里的，通常不会答应。但是如果答应了，就是天上下刀子，也会来赴约！所以通常情况下，你永远不用担心已经预约好的北欧人爽约！你也可以说，这就是流传在北欧人基因里、中世纪骑士最看重的契约精神！

不仅对别人严格，北欧人对自己也是说一不二。做好的计划，不只是写写，更是要完成。在我任教的瑞典人民大学，同事单身妈妈英格兰是和我关系比较好的朋友，有时会约到家里做客Fika。

在她家的冰箱上，利用记事贴式的冰箱贴，分别列着英格兰和两个孩子的每周计划，三张计划表格，除了常规工作和去学校，重点几乎全在业余时间。在英格兰的计划里，有半年内的长线计划，也有准确到每周每天的短线计划，日子在英格兰这里，是清晰而又有目标的。

这位单身妈妈，没有被独自带孩子的日子拖垮，相反，反而因为有孩子的陪伴，有了进退有度的合理计划。英格兰得以继续她的哥德堡大学教育学博士课程，每周一次送小儿子参加跆拳道训练，一次送大儿子参加冰球训练，除此之外，每周三次健身，两次和男友约会，一次和朋友主题约会，还有个别的和朋友们的派对预约。而每个固定的周日则什么也不做，把时间完全留给自己。

满满当当的计划看得人眼花缭乱，放在从前，我一定会问一个：为什么？那么多计划不累吗？能做到吗？然而在瑞典生活了这么多年之后，我深深地理解计划对北欧人的重要性。我自己又何尝不是这样呢？

有时候，让人累的不是有计划的生活，而是没有计划的生活！别人一个电话你就到，或者随便地应约，又随便地爽约，这样的你在朋友那里是得不到尊重的。随心所欲的生活看似自由，其实极大地消耗着人的时间和精力，你连自己每天要做什么都不清楚，每天上班不敢拒绝加班，下班后懒懒地往沙发上一躺。你以为你为生活奋斗了，其实你没有。

尼采曾经说过一句话：每一个不曾起舞的日子，都是对生命的辜负！那些看似严谨约束的计划里，实则藏着你想要的梦想和自由！只有当你有能力掌控你的生活之后，你的生活，才是你的！

这里没有上流社会，
只有主流社会

何谓上流人品？

我们的老祖先孟子早已作答：

富贵不能淫，贫贱不能移，威武不能屈。是谓上流！

——题记

依我看，在瑞典王室一家都大打平民牌的今天，连首相出席晚宴都得出份子钱，再加上北欧人向来自我，不爱追星，娱乐圈里的明星出行都得自己驾车，更别说一向以清廉示人的各党派政要。所以至少在瑞典，可以说没有上流社会，只有拼人品、拼才能的主流社会。

从农业时代走向富裕，走向现代文明的北欧诸国，以中世纪海盗出身的家底，虽然王子、公主一大把，也和贵族世家辈出的老邻居大英帝国世代联姻，但终究对老邻居繁文缛节的上流社会做派提不起兴趣。

上流社会，不是你脖子上围着白餐布，熟练地使用刀叉、汤匙、酒杯等"十八般兵器"，也不是你时时穿着晚礼服，参加各种凡人可望不可即的名流云集之晚宴。在西方人的餐桌上，就是欧洲的山野村夫也可以熟练使用各种刀叉餐具。北欧艺术家云集，循着门口点着的蜡烛，你随时可以走进一名私人画家的画展，端着酒杯和不相识的人们就画的用色、画家所想表达的意图等，来一场觥筹交错的交流。所以"上流社会"这个概念在北欧，更像是优雅和得体的代名词。你若优雅，就算贫穷到极致，也依然穿得干干净净、整齐得体。

自打1523年开国，勇敢的先王古斯塔夫·瓦萨带领瑞典人民，推翻丹麦的统治，建立瓦萨王朝。中世纪海盗起家的瑞典人，就决绝地自称，在瑞典人这里没有上流社会，有的，只是务实的主流社会！人人生而平等，杜绝贫富分化！所以，瑞典人更愿意提倡积极务实的主流社会，而非虚无的上流社会。只要愿意，人人可跻身主流社会。但，也不是毫无条件。诚信是主流社会的基石，是跻身主流社会的人最重要的品质。如果做不到这一点，那么无论你人生事业多成功，都不能算是主流社会的人。

瑞典税收治国，工资高税收高，工资低税收低，税后大家生活品质一律平等！如果你围着Acne①的围巾而我还拎着H&M②的包，有区别，不够平等？好吧！每年夏季和圣诞节后再来两个历时月余的打折季，无论珠宝首饰、名牌服饰、奢侈衣包，各色行头，统统打折30%~70%。打折季的宗旨，就是让那些平日里买不起订婚钻戒、买不起大牌包包的人，也有享受人生奢华的权利！

政府税务局天天盯着你的钱袋，反之，人民也时时监督着政府的作为。直到现在，要不要保留王室一家的讨论还一直不绝于耳，反对派的主要理由就是觉得国王一家在花纳税人的钱。搞得尊敬的

---

① Acne：全称Acne Studios，北欧多元化简约风格典范之一。由瑞典人Johnny Johansson于1997年在瑞典斯德哥尔摩创立，Acne Studios取自"Ambition to Create Novel Expressions"的首字母，即"以创造新颖简约的表达方式为目标"。Acne不是一个人，而是一个创意媒体。创意覆盖电影、广告、平面设计，甚至动画的人物设定，而以牛仔裤和羊绒围巾，毛衣，风衣为世人所知的针对小众的大牌时装领域，只是其众多范畴的一部分。

② H&M：Hennes（瑞典人名）&Mauritz（瑞典人名）有限公司的简称，由Erling Persson于1947年创立于瑞典，主要经营销售服装和化妆品的大众品牌。在全球拥有超过3000家专卖店。

国王卡尔十六世、古斯塔夫陛下，除了声明王室一家在用祖上留下来的钱、古堡出租什么的过活，每年的诺贝尔奖颁奖现场，更携一家老小不遗余力地站台。作为瑞典王国的明信片，国王还时不时要戴上各种古怪的帽子，出现在各种外交场合搞搞怪。国王一家尚且如此，更别提收入平等的人民大众了。

在北欧人这里，奢华的终极意义，是直指人性的关怀与爱。任何失去关怀与爱的奢侈，都是没有意义的。抛开物质观念的束缚之后，北欧的主流社会，拼的是个人品质和人格魅力。

而在这样秉承诚信的主流社会国度里，人口号的一键制度简直透明到令人咋舌！都说西方人注重个人隐私，但这个隐私在瑞典人这里可说是虚设！瑞典整个国家实行"人口号一键制"，人口号相当于我们的身份证号，到银行、政府机关、税务局办事的时候，什么也别说，先报上人口号。一键到底，你的任何信息立刻一览无余。商场里、超市里，你随时会听到瑞典人向收银员大声报出用于攒积分或打折的人口号！

在瑞典，人口号简直是万能的，不仅表明你的身份，更代替着优惠卡、折扣券、银行转账、信用支付等，五花八门的用处！而更过分的是，在瑞典的网上，你的身份也是透明的！你住的街道的实景图、你家的人口、你的电话号码、你的存款，只要输入你的尊姓大名，都可以查到！若想不被人如此轻易查到，还得专门向有关部门交钱申请隐匿有关你的信息！

有时候想想，这简直是太八卦了！说给瑞典人听，一向注重隐私的瑞典人，倒是显得见怪不怪，大不以为意。税收国家，诚信治国嘛，首相的办公室都是透明的，对于民众，这一点又算得了什么！透明的制度，是建立在法律的前提下！所以也并不是天生有圣人，瑞典人如此自律的先决条件，是所有透明的制度，你所生活的环境，决定了你的自律！

瑞典的公交系统，比如哥德堡的电车，无人监管，从来都是靠自觉刷卡或自动售票机买票。偶然会有戴着小白帽的查票人员抽查。但抽查的概率也可说偏低，一个月碰不到两回。可大家都在自觉地遵守规则，不会逃票。因为大家都知道一张票25克朗，逃票的罚款却是1000多克朗，而更得不偿失的，还要在你的个人信息里记上一笔！这对个人信誉的损失可说绝对惨重：直接影响你以后人生大大小小的贷款、求职应聘、开公司创业、买地买房等，只要在牵扯诚信的问题上，都会打一个大大的问号！

那么，既然没有上流社会，北欧的主流社会又是怎样的呢？就像《红与黑》里的于连或者《了不起的盖茨比》里的描述，英雄不问出处，每个小人物，都可以通过自身努力，跻身主流社会。北欧的主流社会，只要你学识够，正直，自律，有责任感，注重个人信誉，关心自己国家的前途走向，从不轻易放弃自己手中的选票，有份喜欢的工作、不错的收入，按时交税，喜欢旅游，最好工作之余还有一个拿得出手的业余爱好，比如可以在酒吧驻唱的乐队主唱、业余滑雪选手、偶尔开个画展的业余画家、朋友圈子里的平衡绳教练等，穿戴简约而又有品位，都算得上一个阳光蓬勃、正能量满满的主流社会人士。

北欧生活，有一个词很关键，那就是慢！

无论是在上流社会还是在主流社会，你从不会在餐桌前见到一个举止粗鲁、狼吞虎咽的人。从老上海世家老底子里走出来的蔡康永曾经说过一个故事："如果有小鸟在森林里面唱了一段生命里面最好听的歌，可是当时没有半个人听见，然后这只小鸟死掉了，那它到底有没有唱过这段歌？这是哲学上的一个问题：没有人见证的情况下，这件事情到底存不存在？"

　　我以为这就是人人皆寻求的社会存在感。上流社会的存在感更多是做给别人看的，因此那竭尽全力的优雅里，甚至都渗出了矫情。而主流社会的存在感是注重自我的，是靠自己的能力打拼出的一分真实，是一切以自己为中心舒适的相宜。因为有了更多自信在里边，所以更多了一分从容。但无论是上流社会的人还是主流社会的人，外在的表现都是慢！

　　慢起慢坐，说话慢，进餐慢，走路慢，连微笑起来也是慢慢的，笑意从眼睛里一圈圈荡漾到脸上。在这里所有的慢都直指一个词：优雅！你慢下来，就能看到路边盛开的小花，就能看到生命细节里的繁荣，就能从一个急于诉说者变成一个好的倾听者。而好的倾听者，在任何圈子、任何朋友那里，都是受欢迎的。只有当你学会慢下来，学会无论是用语言还是用肢体表达你自己，这时的你才会给人以可以信赖的感觉，你才会发现原本你也可以很端庄地品味生活。

　　在我学习学前教育专业的时候，我的瑞典语老师，出身世家的安娜·卡琳，曾经教给我们很多有益身心的北欧慢生活指南

Tips[1]。其中一条就是，当你越饿的时候，越要慢慢地小口进食。如果你用的是筷子，又不是左撇子，那么就请用左手代替右手，执筷进食。

在欧洲贵族世家那里，大家族一定会有自己的族徽相传。所用的汤匙、器皿、床单、被罩上，也一定会永远绣上家族打头的字母！后来这种方式流传到民间，平民家庭也纷纷效仿。直到现在，但凡有点家底的北欧人家庭，翻翻看，床单、被罩上还依然保留着绣家族首字母的传统。这是一种家族荣誉感。

在中世纪，即使家徒四壁的贫穷家庭，也会争取在这个荒凉的世界里多生几个孩子。在贫困的家庭，生孩子更像是一种期望：春天来了，满怀期望地撒下一把种子，哪颗种子能茁壮成材，出人头地，光宗耀祖，就看种子自己的造化了！孩子，就像绣在这个世界上的首字母，是穷人们对这个世界唯一可以表达存在感的印章！

主流社会的标尺在每个人心里，别人无权区别你。能够让你有别于人的，是你自己。静下来，慢下来，多读书，多锻炼，毕竟，谁也不想随意粗浅地过一生。

––––––––––––––––

① Tips：提示、建议、小贴士。

Chapter 3

O

自我意识的觉醒

越 简 单 ，
越 美 好

只有从家务活中解放出来的女人，

内心才真正谈得上强大。

否则，

一切所谓的强大和得到的尊重，

只是表象。

有条不紊慢中求

这就是北欧人的做事原则，

事不在多，在精，在能力范围内做到最好。

——题记

如果你要求一个瑞典人一边看电视一边织毛衣，那几乎是不可能的事，哪怕是织毛衣最老练的老祖母。"一心不能二用！"瑞典人总是这样明确地告诉你。比如，在他们看来，看电视是一种休闲，织毛衣也是一种休闲。在需要得到休息的时候，要么织毛衣，要么看电视。一次完成两种休闲，那无疑太累了。

这种一次只做一件事的简单专注作风，像北欧人穿衣打扮或居家装饰，永远只钟爱黑、灰、白三色一样，融进了北欧人的骨子里。很多北欧人若从少年时代起选择一项爱好，就会一直保持下去，直到成年，比如足球、冰球、小提琴、绘画、音乐，一旦确定，会将其视作贯穿一生的爱好，自觉地坚持下去，也不乏成绩斐然者。很多人将爱好坚持下去的结果，就是爱好成了支撑一生的事业。我曾经采访过一位经常代表瑞典参加奥运会滑雪项目的运动员，她说其实滑雪不过是少年时代开始的一个爱好。北欧的孩子们选择兴趣项目，通常依着兴趣自己做主，所以比较容易坚持下来。这名运动员除了在赛前参加集训，其余都是自己训练，每年从冬天到次年四月，自己背着滑雪板到瑞典北部或挪威的滑雪山道到处跑。而她正式的工作，则是一名电话销售员。

"世界很精彩，值得去做的事情很多。但学习、工作之余，我的精力是有限的，我只能选择我最喜欢的一件事，做到最好！"这是她滑雪并坚持下来的初衷。而北欧像她这样的人，实在不在少数。

当你什么都想做好的时候，你什么都做不好。

我有一阵子很想开一个岁月静好的读书咖啡馆，甚至去考察了场地；有一阵子又想开文化公司，还拉朋友一起像模像样地投资注册开了AB有限公司；有一阵子又觉得跨国深度文化游非常有意思；诸如此类，不胜枚举。但最后我发现，除了写作，以及围绕写作有关的事，所做的一切，都是在浪费时间。除非你只是想浅尝辄止。

从中国借调来瑞典公司工作一年的朋友，刚开始闲暇时总向我抱怨，觉得小组里瑞典同事们的工作效率实在太低。明明她觉得三天可以搞定的活，却非要一周甚至更长；明明可以齐头并进的三个项目，却非要闲置两个，一个一个慢慢进行。她觉得这是北欧人高福利惯出来的拖延症。但是过了还不到三个月，朋友倒大大赞赏起瑞典人的"慢工出细活"。

原来，为了赶进度，朋友申请了单独项目。本来需要三个月完成的项目，高强度工作惯了的她，一鼓作气，用了三周便完成了。再看组里的其他瑞典同事，还坐在那里慢腾腾地来回推敲，研究方案，虚拟实践。"纸上谈兵！"朋友看着好笑，埋头于手上另一个项目。

然而，三个月到了，开始实践的时候，朋友才傻了眼，原来她当初的项目急于求成，没有认真推敲，是典型的先做再看。而瑞典

同事们的进展虽然慢，但经过多个方案模拟实践，数据充分，投入
实际的时候基本已经没有什么问题，一次成型。没办法，朋友只好
在底气不足的方案上再进行改动，改来改去总是不理想。最后不得
不整个推翻重来，这样算下来，倒花费了更多时间和精力。当朋友
为方案焦头烂额的时候，瑞典同事已经"青青子衿，悠悠我心"，
有条不紊地开始下一个项目。经过这次经历，朋友留心身边不同国
家同事们的工作方式，发现在短线项目里，别的国家同事虽然成绩
突出，但是时间一长，最后胜出、返工最少的，总是平时看起来落
后半拍的瑞典同事。

　　慢悠悠，有效率！这是朋友和瑞典同事工作一年后，临别回国
时最大的感悟。

　　其实瑞典人工作并非一味地慢，这种慢，蕴含在有条不紊的张
弛有度里。与其贸然地做一个项目，发觉不行然后再推倒重来，瑞
典人倒更愿意将时间花在前期准备上，不厌其烦推敲方案，分析有
可能失败的种种，多方面多角度假设论证后，最后一举拿出失败概
率最小的那一组方案。这种方案如同国家立法，一经推出，通常很
少更改，会成为这一类别以后沿用的范本，就像数学公式一样，只
需套用即可。虽然确立时费了不少时间，但从长远看，却无限地节

约了成本和时间。就如瑞典的公交系统，一张时刻表在手，算好时间，你几乎不会错过任何一趟车。瑞典举国上下无论大大小小的城市还是乡村，公交车都是准点到达，很少有延误。

而这种专注的做事能力并非北欧人天生，是从小接受培养才有的结果。如果我们每个人是小王子，那么生活对于我们，就是自我世界的星球上绝无仅有的那朵玫瑰！我们也不是完美的，但每当我们做好一件事，就肯定离完美更近一步。

在北欧你可能发现很少有抢着说话的人，孩子亦如此。每当大人说话或者打电话的时候，北欧孩子很少在旁边吵闹或者插嘴。这些孩子即便是两三岁的小围兜，也从父母那里学会了等待。当孩子急于诉求，父母们总会温和地要求孩子等一等，让自己的电话或者谈话从容结束。北欧人在谈话中，也很少贸然打断别人的谈话。这种说话秩序的训练，是北欧幼儿园、学校以及家庭教育体系里极其重要的一环。学会倾听，是尊重别人和得到别人尊重的第一步。

在瑞典幼儿园里，这种先后秩序的训练尤其重要，包括排队、发言等。一首瑞典儿歌很有意思："Ole，Dole，Doff。Kinke Lane Koff。Koffe Lane Binke Bane。Ole Dole Doff。"和我们小时候唱的歌谣"点兵点将，骑马打仗。小兵小将，大兵大将。点到谁，谁就是我的将"有异曲同工之妙，都是通过有趣的互动，训练孩子遵守规则的能力，包括来自父母那里的言传身教。

最近朋友约瑟夫计划去中国旅行。提前半年，他报了瑞典人民大学的汉语班，开始学习汉语。去某个国家旅行之前，先学这个国家的语言，似乎是很多瑞典人的一个传统。在他们看来，旅行不仅是背着背包去那里的酒店住，看看风景，品尝他们的美食，而且更重要的是，通过文字，通过交流，了解这个国家的文化。这才是旅行的奥义。"旅行的时候就要认真旅行。"约瑟夫严肃地告诉我。

这不禁让我想起曾经看过的一部电影，里面小徒弟问师父，什么是简单专注？师父答：吃饭的时候吃饭，睡觉的时候睡觉！从前，我睡觉的时候想着煮饭的事情，煮饭的时候想着捡柴的事情。现在，我吃饭只是吃饭，睡觉只是睡觉。

瑞典女人的
无穷动

女人活在心态，不活在年龄！

——题记

　　在北欧生活，如果学不会看地图，那真的是一件很麻烦的事。一则总是问人不是这边人的风气；二则这里地广人稀，走到外面半天碰不到个人影是常有的事。就算你有手机导航，导航仪还不得看地图不是？好在我是一个永远具有探索学习精神的人，加上长年锻炼，各种运动，陆地上的、水里的、户外的、室内的，对我来说那都不是事儿，因此也结交了一大批瑞典练友。北欧人实在是太喜欢户外运动了，这里面，年过五旬的体育老师莱娜，我们定向越野训练俱乐部的教练，是我挺欣赏的人之一。

享受的智慧：
让生活成为一种艺术

北欧童话般的小屋

被咖啡蛊惑一生的北欧人：
大街小巷遍布的大大小小咖啡馆

北欧人的生活信念：

不要对别人的生活指手画脚；

每天超越昨天的自己

被咖啡惯坏了的北欧人，
早晨醒来若不先来一杯咖啡，
简直无法面对人生

大部分北欧人都爱吃甜食，
甜食不仅对孩子，也对大人，
充满了极大的诱惑

厨房的简约，
先从扔掉厨房里那些多余的锅碗杯盘开始

狗是北欧人重要的家庭成员之一

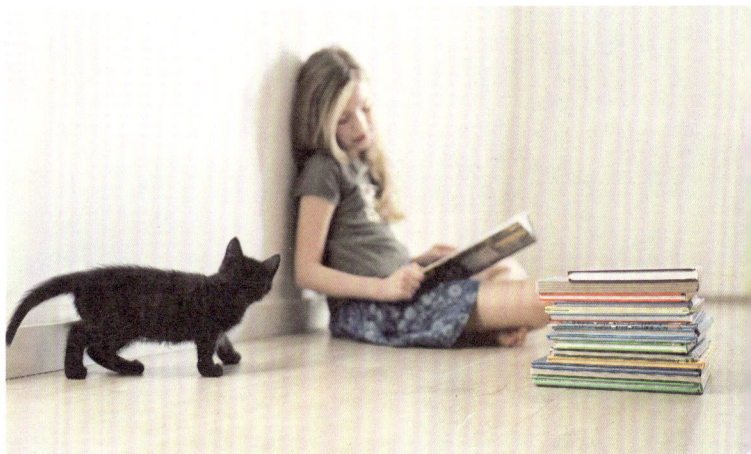

除了养孩子，
北欧人还非常喜欢养狗、猫这些毛孩子，
也特别喜欢让毛孩子陪着孩子一起成长

生活的美好，
不只体现在人与自我的修养上，
更体现在人有能力与大自然的和谐共处上

独处对瑞典人来说，
简直是一种挥之不去的人生蛊惑

北欧人热爱家庭，
家在他们眼里是心灵停靠的港湾

北欧人的社交：
一杯咖啡的距离

北欧人习惯在咖啡馆约见朋友，
在咖啡桌上谈生意，甚至在咖啡桌上定终身

营养又简单的北欧特色三明治是北欧人出行必备

永远干净静谧的北欧街道

帐篷露营是北欧人从学生时代就喜爱的户外活动之一

　　每当听见我身边的中国姐姐刚过了40岁就大呼着"老了，老了"的时候，莱娜，这个"奔六"的瑞典女人，却精神抖擞手拿地图指南针，仿若机警而敏锐的森林之王驯鹿，奔跑在瑞典无边无际的森林里。若你曾见过莱娜穿过一片片森林、越过一道道沟壑的轻盈矫健，估计会不得不感叹：莱娜是属于森林的！

　　瑞典女人闲暇时都做些什么？这曾是我特别想知道答案的一个问题。这个问题还得追根溯源，从瑞典女性主义意识苏醒、女权主义崛起说起。

　　19世纪上叶，瑞典还处于典型的农业治国时代。虽然有丰富的铁矿资源，但靠铁矿和保持"二战"中的中立发家，那是20世纪以后的事了。所以既然农业治国，像世界上绝大部分的国家一样，女人在家庭中和社会上的地位是十分低下的。

　　当时的瑞典女人，跟我们勤劳朴实的中国女人别无二致，每个家庭有五六个孩子是常事。女人们整日除了忙于烦琐的日常，操持家务，照顾丈夫孩子们一家大小的饮食起居，还额外承担着田间地头的繁重农活。

女人们操劳，男人们的日子也好不到哪里去，如今成为瑞典象征的达拉木马，就是当时艰辛生活的一个缩影。

瑞典森林广阔，伐木在当时是男人们为家庭挣钱的主要收入来源。北欧地处斯堪的纳维亚半岛，阴湿寒冷，冬季尤其漫长。男人们长年在森林伐木，只有圣诞节这样一家人团聚的大节日，才得以回家探望妻儿老小，带回在森林里伐木间隙给孩子们用木头边角料雕刻成的玩具：木马。

带回家后，女人们为了生活的艳丽，再给木马描绘上漂亮的花纹。这样，一匹凝聚着父爱母爱的木马，就成了孩子们最喜欢的圣诞礼物。

虽然爱着孩子们，但艰辛沉重的生活让人少有耐心。当时不仅大人，孩子们也不得不参与家务劳动。做不好事，比如除草伤到土豆根苗、打破一只碗、丢失一只羊，都会受到重重的惩罚。

但当一个民族要求进步的时候，其速度也是惊人的。人类文明之所以有别于其他生物，得以绵延生息发展，其重要的一环，就是进化中惊人的不断互相学习和模仿能力，无论是向人类本身还是向大自然。

由于19世纪中叶的一次土豆歉收，整个瑞典遭遇了前所未有的大饥荒。不堪生活重负的人们，纷纷卷起铺盖移民美国。那是瑞典历史上最大的一次移民潮。后来，回归的瑞典人不仅带来了从北美佬那里学到的生活技能，还带回了北美多元化的文明。

这种多元化的文明的影响，其中之一就是学会对女人的尊重，其次是孩子。

"二战"中保持中立、埋头做铁矿生意的瑞典，在丹麦、芬兰、挪威这些邻居打仗打得死去活来的时候，生息调养，战后一举成为北欧诸国首富。当时不仅国力强盛，还接收了大批芬兰难民，大大补充了人力资源。虽然后来大批芬兰难民归国，但也有相当一部分留了下来，在瑞典世世代代安居乐业。我曾经的幼儿园同事玛安娜，就是芬兰后裔。我问她还回芬兰探亲吗，她摇摇头：除了母亲那一辈还有零星亲戚，于她，芬兰已经没有什么人了。瑞典，才是她的家。

接受了多元化文明的洗礼，意识一旦觉醒，瑞典女人，这些"海盗的女儿"，在女性主义苏醒、女权主义崛起这条路上，简直如同洪荒之力爆发。短短不到100年的时间，强势的瑞典女权主义已经全球闻名。

但强势不代表着蔑视男性，蔑视男权。她们也不会抛开身为女性的劣势，去干一些体能上明显男人更有优势的工作，比如森林伐木、建筑、机器维修。在选择工作时，聪明的瑞典女人们更乐意发挥女人柔美的优势。至今，老师、护士、医生、设计师、舞蹈艺术等，更贴近生活发明的科学创造等领域，依然是瑞典女人们工作的首选。

因为强势不体现在你能不能像男人那样发力，而体现在你是否能将上天赋予你的身为女人的柔和优雅舒展之美用到极致。你是否在内心里，有着强大的身为女人的独立自信和自豪感？

而我的定向越野教练莱娜，就是这样一个内心强大和独立自信的女人！这个表面上云淡风轻、坚定乐观的女人，谁又能想到她曾经承受过失去爱子的人生之痛。

　　莱娜抚育有四个孩子，2011年挪威于特岛枪响之时，莱娜当时正上高中的小儿子，不幸就是那次惨案的受害人之一。遭遇人生不测，莱娜整整两年没有从失子之痛中走出来。但是后来，看到其他孩子，看到不小心早早怀孕又不愿打胎的女儿给她抱回来的孙子，莱娜和生活的惨痛，终于和解了。

　　失去的爱子永远活在心里，生活还要继续。整整两年没有跑步的莱娜，又一次穿上她心爱的运动衣和跑鞋，放纵身心奔跑在森林原野间。儿子愿意看到的，难道不是一个快乐而健康的妈妈吗？！

　　生活的苦痛若没有打倒一个女人，就会让她变得更坚强，更珍惜生活！

　　回归正常生活的莱娜，虽然少了一些从前随时随地发自内心的灿烂笑容，但眉宇间却多了一分与生活和解的从容。中老年女人的自信和优雅，又回到了她的身上。

　　除了运动衣，莱娜从不认为女人到什么年龄就该穿什么年龄的衣服。长年的锻炼，不仅是习惯使然，也是女人修养的一部分。紧致的皮肤、健美健康的身材、从容优雅的生活态度，这些也许在20

岁是上天赐予的，但到了40岁的时候就是自我修炼的。生活不会亏待每一个认真生活、关爱自己的人。

有一次去莱娜家做客，家里客厅四面墙全是书。这是莱娜和老公业余时间的爱好之一。不锻炼的时候，莱娜更愿意煮一杯咖啡，窝在沙发里看看书。那天我们是莱娜的客人，所以莱娜负责做饭。

我们看着她平日工作中看起来很威严的、统领整个汽车研究中心的"大神"老公，一下班回来立刻投入家庭主男角色，忙前忙后，备菜，洗碗洗锅，打扫庭院，收拾篱笆，给莱娜打下手。莱娜是学校体育老师，老公是领域内大拿，但抚养三个孩子，平分家务，老公一样不能少。也许这就是瑞典女人真正显示强势的地方，她们不要男人的钱，要的是男人像她们一样身体力行的生活中所有的付出和参与！不能让男人觉得只要上交了工资卡，偶尔付出一点，就回来理所当然大爷一样沙发上一躺，等着女人伺候。

瑞典女人是这样想的：你是领域大拿，你也是我的老公、孩子的爹。家庭中你需要承担的角色和责任，我不能代替你！

只有从家务活中解放出来的女人，内心才真正谈得上强大。否则，一切所谓的强大和得到的尊重，只是表象。

圣诞节将近，我们这些练友和莱娜一起相约去看歌剧。

优雅艺术的殿堂里，又让我看到一个不一样的莱娜：米色的风衣外套下，穿着适宜的墨绿呢裙小晚礼服，夹杂着些许白发的淡黄短发细致有型地别在耳后，像她的人一样干练。一串在大厅吊灯光影里不断变换闪烁光泽的珍珠项链画龙点睛，点缀着墨绿的裙子，衬托得莱娜整个人像森林里走出来的精灵女王。而最抢眼的，是她长年锻炼下紧实的身材和小腹，身姿挺拔地站在那里，让人觉得岁月的长河里，时间虽然经过了她，却也装饰了她！

就像莱娜说的，女人活在心态，不活在年龄！不是吗？

你不需要富有，
你只需要有趣

无趣的灵魂个个相似，

有趣的灵魂各有各的有趣！

——题记

克瑞斯汀和艾琳这对情侣，简直可以说疯狂。

克瑞斯汀于哥德堡查尔姆斯理工大学硕士毕业，工程师级别。1988年出生，2018年30岁。

艾琳于林雪平大学毕业，认识刚从大学毕业、比自己小五岁的男友克瑞斯汀的时候，已经工作四年。

　　两人都是我的好友，我也亲眼见证过两人各自的恋爱历程七七八八，各自男友女友谈过五六个。说也奇怪，自从这两个花心大萝卜一相识，那简直是"金风玉露一相逢，便胜却人间无数"，立刻成为知心爱人，相伴走天下，至今五年过去，依然不离不弃，如影相随。

　　问艾琳，她想了一会儿，笑说："无趣的灵魂个个相似，有趣的灵魂各有各的有趣！"

　　问克瑞斯汀，他直言："和艾琳在一起，好玩有趣，每一分钟都是快乐的，每一分钟都不想虚度。"

　　而从这两人的恋爱轨迹，我大约也能猜到两人所谓志同道合的有趣：一个说走，另一个能立刻收拾行李上路。一个感叹真幸福，另一个能立刻脱口而出：Less is More①！

　　这就是"有趣"的含义，不论说什么，两个灵魂都能顿悟，都能立刻明白对方！生活本已沉重，我们又何必收起可以飞的翅膀。

———————

① Less is More：少即是多。

这种心有灵犀对爱的领悟力，不是整天卿卿我我，你侬我侬，每天说100个"我爱你"，今天你给我买个名牌包，明天我给你买个名牌皮带这样腻歪出来的。真正的吸引，是抛弃了一切对物质的束缚之后，对彼此灵魂的欣赏。

几年前，大学毕业工作了两年的克瑞斯汀，对艾琳说他想去东南亚国家住一两年，过一过不一样的生活。正巧艾琳也有这样出去看看的想法。两人一合计，一起报了瑞典人民大学的汉语班和泰语班。

问为什么，两人答得头头是道：我们要去的东南亚诸国，泰国、越南、缅甸、柬埔寨、老挝、印度尼西亚、文莱什么的，虽然所属语系各不相同，但总的来说，汉语好用。比如别称京语的越南语，里面其实有很多汉语借语，马来西亚和新加坡就更别说了。何况还有一句话：学会泰国话，走遍东南亚都不怕！

我哈哈笑起来："英语不够用？"

"英语够用。但想深入了解这些国家的背景文化，还是会一点他们的语言比较好。"克瑞斯汀说。

"这才是旅行的意义！"艾琳补充。

两个人就这样上路了，一走八千里路云和月。

只有偶尔在Ins上，看到两人趁着有网发的照片，才知道这两人又到哪儿了。看来也确实精彩：在泰国参加鬼脸节，戴上蕉叶面具装神弄鬼吓唬人，和猴子一起吃自助餐；在柬埔寨守岁节和当地人一起虔诚地在寺庙为佛祖释迦牟尼诞辰守岁。

有一年两人钱用完了，回来兼职半年赚钱，克瑞斯汀为人编程，艾琳在幼儿园做兼职。见面时艾琳送我一套柬埔寨表示日期的"七彩服"：从周一到周日，分别穿代表每一天不同颜色的服装：周一嫩黄，周二紫，周三绿，周四灰，周五青，周六黑，周天红。2016年8月哥德堡同性恋支持大游行，一狠心，把这七件七彩服改成了一件彩虹袍。艾琳回来见了喜欢得不得了。

旅行中的好玩人人能看得到，艰苦也是必然，何况两人都是从来没有存钱观念的北欧人。我一直想知道两人又不工作，估计存款也不多，是怎么一玩四五年乐此不疲的。

艾琳告诉我，其实抛开那些光鲜的照片，两人的旅行真的很艰苦。"我们就是要过简单的生活。简单的生活可以是在家里，也可以是在路上。只不过我们恰巧都喜欢旅行，选择了在路上。"

没钱的时候，两人经常给餐馆或者旅店，甚至当地旅行社当当英语导游，或者给旅行杂志投图片稿，赚些许的生活费、路费。不过有时也有可观的收入，比如用他们金发碧眼的外国人形象给当地的公司当杂志模特，或者用以前并不"素简"的生活知识，教当地土豪怎么品酒，教女人最全的72号口红色系使用法则，甚至可以充当室内家居设计师，给那些在北欧风极简路上刚起步的东南亚新贵一些实用而宝贵的北欧风格装饰经验。

的确，在北欧生活多年，让我亦有深深感悟。有钱的生活人人都可以过，但是将生活从欲望中抽离出来，简而为之，却不是人人都有这个能力。

素简生活不是吃苦，也不是固守清贫，而是那些经历过奋斗，付出过不懈努力，读过很多书，走过很多路，对生活有深刻的品位，对生活的信念一直保有纯真，摆脱了物质欲望的束缚之后，对精神层次修炼有需求的人，想要拥有的生活方式。所以，没有努力过的人，根本没有资格说素简！

我一直记着一个故事，大意说的是一个富翁经过人生拼搏赚了很多钱之后想要的生活，不过是躺在海边沙滩上晒太阳。一个长年生活在本地的老渔夫听后大笑，说道：那你努力赚那么多钱有什么用呢？你看我，从来没有过那么多钱，也不是照样可以躺在沙滩上晒太阳？

但这故事里的两个人，始终是不一样的。也许一个人看到海上的波光粼粼，而另一个人只是看到海里面的鱼和虾。

艾琳和克瑞斯汀，对物质生活的欲望简单到极致，没有存款，照样快乐。洋溢着幸福的脸、自信的笑容就是最好的化妆品。长年的游走，身材结实而健美，随便一件套头衫，都能穿出大牌范儿。而更重要的，是对生活的收获和感悟。当生活不再用物质的多寡来衡量的时候，思想的丰盛才会呈现。素简的生活不是贫穷，简单的生活里恰恰蕴含着对生活至高的品位。甚至，什么样的生活方式都并不重要，最重要的是，你能够按照自己喜欢的方式生活。

　　诚然，每个人有每个人的活法。生命长度是有限的，但是，换个活法，比如旅行，能够拓展我们的生活广度，让我们在有限的生命里，看到十倍的、待在原地从来不会看到的东西，那么我们为什么不呢？这难道跟读书不是一样的道理吗？如果不读书，你只是活了一辈子；你若读书，便经历了无数人生。

　　人生若活百岁，也不过十个十年。

　　珍惜眼前，活在当下。最简单的生活在路上，最幸福的生活在简单里。

猎熊人的
黑暗森林法则

在瑞典有一个古老的传说，
只有经验最老到的猎熊人，
才知道在黑暗的森林里如何生起一堆篝火取暖。

——题记

这个传说的寓意，是面对你没有百分百了解和有把握的事的时候，最好遵守原则，不要触碰它的底线。这里面，毫无疑问蕴含着北欧人社会生存的法则——自律。

一个人避免尴尬和自尊心受挫的最好方法，就是让别人在你面前永远没有开口指责的机会。具体说来就是自律，即无须提醒的自觉。良好的自律能力是保有尊严的最好办法。

有时看到电车上逃票的，被抓到时当着一车人的面急于辩解，窘迫得面红耳赤，就觉得很尴尬。想一想，实在替这些人不值。交了车票 50 倍不止的罚款，还颜面、信誉尽失。又或者排队插队，餐馆自助餐吃饭时大声喧哗，广场喷泉泡脚，放任孩子追赶广场鸽群，随意采摘街头花坛鲜花，大到钻瑞典法律空子投机取巧，开空壳公司，或者学历造假，不一而足，让瑞典政府不得不取消一视同仁政策，对移民采取额外限制措施。一个不能自律的人或者民族，无论多大的派头，都不会得到别人的尊重。得小利而忘大义，何苦来哉！

无欲则刚！高度的自律是高品质生活的基石。一个人总以为别人不知而抱着侥幸心理时时钻营取巧，或者践踏公共道德，这样的人，生活没有准则，即便开着名车住着大房，或戴着佛珠手链、穿着棉布衣，过着自以为高雅的"高品质"生活，但在别人眼里，毕竟不入流！

北欧之所以被比喻为幸福的世外桃源、离天堂最近的地方，并不是因为每个人多有钱，家庭有多富足，而是因为人的素质。绝大部分人的高度自律，才是北欧社会为世人称颂的最宝贵的财富。自律成就了北欧社会的文明、整体的富足和重精神轻物质的丰富精神内涵。如果没有高度的自律，北欧的高收入、高税收、高福利经济模式恐怕一天也实行不下去。试想，到处都是偷税漏税的人，到处都是不上班等福利救济的懒人，高效经济模式如何运转？

这一高度自律背后的成因，在我的上一本书《这么慢，那么美》里已经分析过，里面固然有国家政治体制构成、北欧特有的经济模式等诸多因素的影响，但最核心的还是人的因素。天地不仁，以万物为刍狗。北欧人也不是生下来就如此自律，而是在成长过程中，经过家庭、学校、社会几方面合力持之以恒培养的结果。

在北欧的教育体系里，对孩子的培养从来不是家庭、学校或社会单方面的事。北欧社会如此极力推崇女权主义，女性的地位和教育程度其实与整个社会的文明程度和发展有着密不可分的关系。看一个国家的文明程度，就要看其对待女人和孩子的态度。而看一个家庭的素质，就要看孩子的第一面镜子——父母，尤其是母亲的教养程度。

北欧人宠爱孩子，视孩子为上天的恩赐。同时，北欧人从小就给孩子们以严格分明的自律自主的性格培养，因为北欧人知道，孩子不但是父母掌心里的宝，也是社会的财富。从长远看，自律更是福泽世代子孙的精神和社会财富。因为一个高度文明社会的发展，从来都是靠一代又一代高度自律的人来推动的。

有原则和高度自律不仅保证了北欧高效经济模式的稳定，还保证了占绝大比例的中产阶级的稳固，以及人们生活品质的始终如一。这种自律让人感到人与人之间、人与社会之间，甚至人与商家之间自律的信念感和相互的信任感！北欧的牧场里永远不会提供过期的牛奶给生产方。他们要保证出现在人们餐桌上和孩子们的学校、幼儿园里的，永远是百分百新鲜的纯牛奶。超市里过期的食品一定会被处理掉，哪怕是免费赠给乞讨的吉卜赛流浪者们也不行，哪怕是做成动物的食品只是用来磨牙也不行。这是一个严谨的社会，也是一个高度自律的社会。在利益面前，品质永远不会妥协。

北欧社会承认和尊重每一个独立的个体。个性十足的北欧人可以拒绝美国老板要求穿西装上班的建议，可以穿鼻孔，可以文身，可以赤裸游行，可以同性相恋，可以一辈子只同居不结婚，可以选择单身一生，只要不妨碍他人，不危害社会，怎么样生活都是你的自由。但即便如此个性张扬的北欧人，每个人心中都有一个与这个社会达成共识的自律底线，谁也不会去尝试触碰。

那些遵守于明处的，是规则。在无人监督的背后，依然遵守规则的，才是自律。

每年9~11月底，是瑞典西海岸捕龙虾的旺季。瑞典人的男孩节日"龙虾节"，也在这个当口。2016年9月，我跟一个有船的瑞典朋友出海，开到西海岸深海，下了虾笼，捕捞这个季节美味的黑金龙虾。正当旺季，每个人都大展身手，轻轻松松，满载而归。快开到港口时，一直掌舵的朋友才发现龙虾数量之多，已经超过了当日的限捕斤数。赶紧一称，果然，超过了十几公斤。朋友毫不犹豫，趁着夕阳，立刻返航，将多余的一笼虾放回我们捕捞处的深海里。其实当时船上除了我们，没有别人。但是朋友既不愿把多余的虾送人，也没有就地释放，而是坚持开回深海放归多余的龙虾。

这是规定。朋友解释。

2017年11月，凛冬将至。我的生日。朋友们别出心裁，庆祝我搬了新家，要搞个通宵达旦的森林小屋庆祝派对。领头的瑞典好友安娜告诉大家：带好睡袋哟！冻成冰棍不负责！

果然，当晚又是唱歌又是跳舞，又是拍短片又是喝酒吃大餐，疯够了，凌晨三点就寝。很不幸那天晚上碰上了一股小小寒流。大家穿足衣服钻在睡袋里，还是冻得牙齿咯咯响。

"要不，生堆火？就在石屋中央，绝对不会有事。"一个伊朗朋友试着建议。

"不行，森林里不允许有明火，并且我们没有森林生火的生活经验。"安娜和其他两个瑞典朋友几乎是同时拒绝。

"我保证！我的爷爷是猎人，我有跟他在森林里打猎时生篝火的经验。"伊朗朋友胸有成竹地保证。

"不行，这太危险。我们不能拿整个森林开玩笑！"安娜和其他两个瑞典朋友几乎没有商量的余地。看着两拨朋友的对峙，我想，这就是文化冲突吧！

"那么听生日女王的吧！"为了缓和气氛，剩下几个人开玩笑，将决定权交给我。

虽然冻成了狗，可我还是哆嗦着说："不生火。"

几个瑞典朋友笑起来，和我击掌相庆！伊朗朋友无可奈何地笑笑说："服了你们！"

那一晚恐怕会是我毕生难忘的一次生日聚会，即使冻得够惨，但还是让我在寒冷中，体会到了瑞典人的自律，并且身体力行。

这是值得的。

三文鱼的105种吃法
以及爱丽丝的剧本

理想实现的必由之路，

也不过是学会一生简单专注地做成一件你喜欢的事罢了。

——题记

理想每个人都有，但是不是可以实现却取决于你愿意为之付出多少。

其实说穿了，理想实现的必由之路，也不过是学会一生简单专注地做成一件你喜欢的事罢了。

当我收到一封标题为"你值得特别安排一趟旅行"的请柬时，

由衷地笑了！

　　这是十年前认识，如今已是米其林星级厨师的麦克，遵守当年的诺言，特地给我发来的米其林三星邀请之旅。想当年认识麦克时，他只不过是一个对烹饪特别热爱却微不足道的后厨剥葱"大神"。有一次闲聊，这小子告诉我，他的理想是当一名米其林大厨。

　　"知道吗？米其林有三颗星，一颗星是值得去的餐厅，两颗星是值得绕远路去的餐厅，三颗星是值得特别安排一趟旅行去的餐厅。总有一天，你会收到我的请柬，安排一次只是因为我做的米其林三星之旅！"

　　坐在马路边吃冰激凌的时候，他的人生目标就这样决定了。

　　从那以后，这小子就像失踪了一样，一头扎进奋力游向米其林大师的海洋，一路从负责整理蔬菜、汁料的打杂，然后副厨，然后厨师，层层通关，升到主厨。为了体味世界各地著名的米其林星级餐厅各个风味，这小子白天在餐馆工作，晚上化身送报纸的，骑着单车，载着满车兜的报纸、信件，奔波在凌晨三点的大街小巷赚旅费。有时发一张照片，在丹麦参加开牡蛎节；有时又发一张照片，在三文鱼暖熏房跟老师傅制作三文鱼。为了摆盘的美观，还专程在日本生活两年，学习日本人的插花艺术和禅意境界。几年前，正当我对彼得·梅尔的普罗旺斯系列着迷的时候，这小子又天时地利地发来普罗旺斯采摘松茸的照片。林林总总，看来没少下功夫。

十年后，意料之外又必然之中，我收到了他的米其林三星之旅请柬。

有时北欧人换工作如进菜市场，工作的跳跃性非常之大，比如厌倦了开出租车可以去学律师专业，不喜欢幼儿园工作可以去考潜水证做潜水教练，甚至室内环境工程师有朝一日不再留恋都市生活，也会辞去工作归隐南山，心满意足地在青山绿水间做农夫。虽然表面上换来换去，但万变不离其宗：北欧人终身无畏学习的态度和自始至终按照自己喜欢的方式生活和选择工作的态度。

固然国家的高福利是一个重要因素，但过什么样的生活，却是自己的选择。比如除了麦克，有阅读障碍症的爱丽丝，是我认识的另一个生活中华丽丽逆袭的典范。

仿佛没有意识到自己的短板，明明听说读写认知困难，但爱丽丝13岁吹灭生日蜡烛时许下的心愿，却是成为一个优秀剧作家。听到这个愿望，当时父母也不过觉得是一个不服输的小女孩的白日梦，不忍打击她。在他们的设定里，爱丽丝能够像普通孩子一样，上正常的学校，顺顺利利毕业，将来餐馆当服务生也好，超市收银也好，能够自己养活自己，健康平安一生就好。

但爱丽丝可不这么想。在学校里直到高中毕业，爱丽丝规定自己每个月读一本书，什么样的书都好，一定要读懂。每天坚持记日记。每周写一个剧本短篇，不管剧情多么荒诞，对话多么怪异。为了训练自己的逻辑思维能力，她还专攻数学，每学期的数学成绩都是优异的A。常常淹没在阅读汪洋大海的爱丽丝，为此搭上了所有这个年龄女孩的花季生活：女孩聚会、睡衣派对、男孩的殷勤、与好友们无穷无尽的Fika。

上帝关了门，就一定会为其开一扇窗。有阅读障碍的爱丽丝，外形上却比同龄人有着无与伦比的优势：微微卷曲的金黄长发，白皙的脸庞，湛蓝的眼睛，高中毕业时就已经长到178厘米，典型的好身材大长腿。妈妈在服装公司管理部门任职，有一次公司新服装上市，需要模特拍照，在妈妈的请求鼓动下，爱丽丝和其他模特为服装公司拍下了那一季的春夏服装系列。稚气可爱、亭亭玉立的

爱丽丝在一众专业模特里特别出彩。可怜天下父母心！女儿先天
不足，却有这么好的外形条件，妈妈希望她能扬长避短进入模特行
业。但爱丽丝的理想是剧作家，她的理想从来没有改变过。

高中毕业后，她申请上了喜欢的剧本文学创作专业。生活范围
一下无限扩展，阅读她的Facebook空间，和同样有艺术追求、投
身丰富多彩生活体验的朋友们，一会儿这个艺术节，一会儿那个电
影节，深受艺术熏陶过来的各种生活片段欣赏，简直是一种享受。
2012年，我曾经参演过一部当时挺著名的话剧，而剧本创作者之
一，就是爱丽丝。我也因此有缘得以与她结识。

如今的爱丽丝，正式工作是市立图书馆管理员。但她也拥有自
己的剧本创作工作室，有一群擅长编、导、拍的朋友。

一个国家的文化文明的发展，往往取决于它对文化、文学这些
方面的支持程度。只要你从事的是文化有关的项目，有创意有想法
有价值，每年就能定期从政府文化部门申请三五十万克朗（约合人
民币40多万元），甚至更多的文化补助基金。

这对像爱丽丝这样的搞艺术的人来说，无疑弥足珍贵，工作

之余，可以安心搞创作。说句题外话，不要问我为什么北欧盛产重金属乐队。各种有想法的人，只要你愿意去做，上交的申报有理有据，能让政府看到你的价值，你预计会为社会文化推动带来的价值，你都可以像爱丽丝那样，获得"国家爸爸"的补助。

但无论怎样，国家虽然提供了各种便利，但自己的路怎样走，还在于你自己。追求理想之际，就是陷入孤独之时。就像爱丽丝，在Facebook上晒出的生活永远是那么有趣，但当她每天工作八小时下班之后，拒绝一切娱乐，专心坐在电脑跟前一工作又是五六个小时，开始剧本创作的时候，这种毅力和专注，不是单纯有高福利补助金就可以完成的。这才是北欧人生活价值的核心：为了理想，可以不惜一切，不断挑战自我。

有时候，我们常常后悔当初的选择，痛恨自己向生活妥协，说到底，就是心中没有顽强的信念。所以，面对麦克的成功和爱丽丝的自豪的时候，除了欣赏，还有一种感动。

"十年磨一剑，心情如何？"当我怀着朝圣般的心理，品尝麦克的天人之作时，谁知这小子却云淡风轻地来了一句：当你知道三文鱼的105种吃法的时候，还有什么理想是实现不了的？！

Chapter 4

O

自在独行的能力

越 简 单 ，

越 美 好

既然你选择了与众不同的生活，

就不要在意别人对你与众不同的评论。

特立独行的
生活更精彩

既然你选择了与众不同的生活，

就不要在意别人对你与众不同的评论。

——题记

不盲从，不跟风，是北欧人贴在世人眼里最特立独行的标签。

北欧人也很少从表象去判断一个人，所以才有了艾薇儿的那段著名的宣言："我文身、抽烟、喝酒、说脏话，但我知道我是一个好姑娘。"虽然我态度鲜明地不赞同抽烟、喝酒、说脏话，但我欣赏她这样一种态度。既然你对想要的生活心知肚明，那么去做就好了，不要在意别人说什么。但不管你做什么，前提一定是你要以正直、善良、自律、不惊扰别人、不危害社会为出发点。

以前我在上班时，尤其是兼职阶段，市中心18家幼儿园和五六所学校，可以说都跑遍了，见过不少文身的父母，甚至工作在幼儿园里的老师，文身、戴鼻环和大孔耳环的也不是没有。以前的女校长，给我们开会的时候，可以坦然地拿出唇烟盒，从牙肉上抠下吸过的唇烟，换上新的。我们在幼儿园工作的同事，新学期在家长会上做自我介绍的时候，也毫不讳言自己是同性恋的事实。所有这一切，在北欧人那里都见怪不怪。因为大家都承认，这是人家选择的生活方式，自己无权干涉。人们要评判的，是你的专业技能和经验，你是否有胜任这份工作的能力。至于你穿什么戴什么吃什么，那是你的隐私。

所以也唯有在北欧的公司，下属们才有勇气拒绝穿正装、打领带的要求，"身体舒适是工作效率的先决条件！"下属们这样宣称。

之所以成年后有这样的宣言，实在是北欧人从小耳濡目染的结果。北欧幼儿园的孩子们在一个相当宽松的环境里长大，对多元文化和生活方式，从小就有着惊人的认知和接受。不要说学校教育和社会认知，很多北欧孩子的家庭本身就是这样。比如父母都是文身爱好者，或者有了孩子之后变成了同性恋，或者只是同居一辈子，或者母亲是北欧人而父亲来自非洲，父亲扎着盘在头顶小山一样的脏辫，母亲梳着莫西干头，家里有残疾的弟弟或者妹妹是从国外领养的。所有这一切，构成了北欧孩子们的日常，也使他们与生活达成一种认知：永远乐意去理解甚至尝试接受那些不一样的人、不一样的事、不一样的思想、不一样的见解。这里面，最惊世骇俗，至今仍有待更多的人去接受和理解的，就是同性之爱。

在20世纪80年代，同性恋是一个挑战世俗禁忌的存在，尤其是基督教国家。虽然很艰难，但北欧国家却率先打破这个禁忌，承认同性相恋的合法化，承认人们对爱可以有不同的理解和选择。勇于第一个吃螃蟹的北欧国家丹麦，在1989年10月初，允许同性进行合法登记，赋予同性相爱的人享有受法律保护的权利。瑞典也在2002年跟进，甚至允许同性恋家庭收养孩子。在高科技医疗的今天，医学发达的北欧国家，不知已为多少同性家庭做了试管婴儿。这些同性相爱的家庭，一样可以享受儿女绕膝的快乐。所以说北欧国家深知对一种文化的认知和理解，从来不只是写在法律里那么简单。除了每年盛夏声势浩大的同性恋游行，甚至在幼儿园和学校的绘本和图书里，也有诸如两只企鹅男男相恋的故事，让孩子们知道

书墙是近年来越来越流行的北欧人家居装饰

北欧广阔无垠的雪域与茂密的森林

瑞典人从出生就习惯于独处，
刚出生的小孩，
从断奶开始就可以在自己的房间里独睡，一直到成年

谁的青春没有张扬过：
没有高考的瑞典高中毕业生们

杯子只是一个小小的事由，
却是北欧人普遍生活态度的写照

会生活、懂取舍的人本身，
才是简约生活本身

核心次第社交原则，
不是让你不社交，
只是减少无效社交

北欧孩子每天至少两小时的户外活动

好的父母一定是孩子的玩伴

浓缩着浓浓父爱母爱、
如今成为瑞典象征的达拉木马

美好生活的细节：
北欧室内趣味盎然的装饰

闲闲散散慢半拍的北欧人

北欧工作不分贵贱:
拥有高颜值的服务员

心中有爱，不畏白头

为了避免无谓浪费纳税人的钱，
政府积极鼓励大家多运动，
健康医疗预防为主

恋爱是存在不同形式的，只要是真诚和美好的爱情，都有权利得到祝福。

北欧人的特立独行，不只表现在对待性别的取舍上，更体现在平日衣着打扮、家居装饰、饮食搭配、旅行远足等诸多方面。这里的人们从来不会为取悦别人而存在。大牌在这里没有市场，那些世人追逐的大牌，你可以在时装之都米兰、巴黎或布鲁塞尔找到，就是很难在北欧国家的城市找到。北欧人买东西，无论是服装还是家居用品，都以简约舒适为宜。能和身体弧度融为一体的行头，再搭配以北欧人挚爱的黑、灰、白三原色，简直能让高冷的北欧人爱到一年四季不离身。

在北欧人的概念里，极简是生活的本质。走到南非或东南亚，看到那里人们浓妆重彩的生活，北欧人表示喜欢和欣赏，但你若让北欧人将这些东西带回来装点在自己的房间里，他们是万万不肯的。不是虚伪，而是因为北欧人很清楚适合自己的是什么，真正想要的是什么。任何掩盖了本质的东西，北欧人都是拒绝的。哪怕你说好看，但那是你的事。

所以这种审美的态度延伸到生活里，生活的内容也一定要是极简和有趣的。计划可以帮助你筛选掉80%不必要的社交，这就是北欧人如此钟情于凡事做计划的原因。

在北欧人的世界里，生活不是为父母过，不是为朋友亲戚过，也不是为邻居或同事们过。他们不需要别人羡慕的目光，也从来不去羡慕别人有什么。当他们选择工作的时候，往往出于两个目的：其中一个是短线以内以赚钱为目的的工作，比如急等着用钱，赚够了钱去旅行什么的。很多北欧人会选择短平快的工作，什么机场扛包裹、咖啡馆或餐厅服务生、老人院护理、学校清洁工、游乐场暑期工。这时你就看吧，俊男靓女们脱掉那些专门看设计的小众的大牌，阳光灿烂地微笑着为你端茶送水，推老人们街头晒太阳，对外人投来的眼光丝毫不以为意。

而若是为了长远的发展，北欧人一定会以兴趣为前提，选择一份自己喜欢的工作，抱着钻研的态度，认认真真地干下去。比如有机生物学毕业的尤金，对绿能种植有着十二分的热爱，大学一毕业，立刻投身远离城市的绿能小镇建设研究。这个当年在学校里、在朋友圈里永远走在时尚前沿的校草级弄潮儿，为了自己喜欢的工作，可以远离城市生活，安静而低调地沉迷于热爱的领域，过着简单孤独却自得其乐的生活。

看着范儿十足的北欧女人，我的脑海里常常出现许巍《时光·漫步》里，一个少年在午后的街头转角处，突然邂逅一个摇曳生姿穿长裙的女人的意象。那样的意境，正是羞涩的北欧男人缺乏和向往的。所以在爱情方面，年龄在北欧人这里永远不是问题。女朋友可以比自己大五六岁、七八岁，甚至像法国总统马克龙的夫人比他大20岁以上。美丑也不是问题，只要感觉对就好。生活是自己的，北欧人从来不会在乎别人说什么。只要志趣相投，都是完美眷侣。离了婚，带着孩子的"二手玫瑰"，因为岁月带来的别样风华，心智成熟，明媚不俗，自信乐观，在羞涩内敛、两性生活单一的北欧小鲜肉这里，有着致命的吸引力。

那些喜欢阅读和长年健身的北欧单身女人，男人若没有与之匹配的学识和境界，是征服不了她们的。

北欧人的道系主义
与佛系人生

如果你连莲的中通外直都做不到，

连破茧成蝶的勇气都没有，

既不能是非分明地对待生活，

又不能庄周梦蝶地快意人生，

还谈什么潇洒飘逸的佛道系？

——题记

  北欧生活十年，感受最深的，就是跟北欧人打交道的干净清爽，不拖泥带水。首先，北欧人跟人打交道，思维特别简单，直来直去，每每说话喜欢直击要点、切中要害、就事论事，迅速有效地解决问题，无论是生活中还是工作中。比如工作中我们每每讨论学期计划，制订活动方案，邮件来邮件去，从来都是简单明了。你自认为多完美的活动方案，只要上司还有质疑，你就答声"好"，拿回去，从头至尾修改，没有什么二话。所以北欧人工作慢，效率却很高。大家通常认为，有跟上司辩论解释那些工夫，也许新的方案已经成型。这种佛系风格不知不觉中亦浸染了我。《这么慢，那么美》整部书稿，前后通改过四次。每次主编大人在书稿中标注出不妥的地方，发来邮件：这里需要修改，那里需要修改。我通常都是一个字：好！

改好了，寄回去的时候，闲话不多说，就四个字："已改，请阅！"所以整部书的合作，我和主编之间几乎没有过辩论，合作完美到几乎天衣无缝！而对于北欧人，这只是他们工作和生活的常态。道系主义，用在生活里，就是道法自然，无为而无不为。凡事在于努力，努力过了，什么样的结果都可坦然接受。还没有开始努力就已经承认的结果，不是结果。

提佛系人生，素简、低欲望、心如止水、不争不抢、凡事圆融、随喜赞叹等，是关键词。所以说佛道主义，我们老祖宗提得好，北欧人用得好！无论是道家的天地合一、道法自然，还是佛家的无二无别、智慧圆融，提出奥义概念的是我们，而完美体现融合在生活实践里的，却是北欧人。

但在这里，无论是顺其自然、为而不争，还是素简低欲、智慧圆融，前提都必须是建立在努力过后的通达上。没有努力过就自称佛系，那只是对自我和社会关系消极的放弃，在巨大的生活压力面前的无能。

所以，为而不能和能而不为，是两回事。为而不能，是你努力了，拼搏了，为之付出了，但困于能力有限，还是未能如愿成事。那怎么办？继续修炼！能而不为，则是你已经成功了，取得了你想要的，却甘愿放弃。无为而无不为。过回成功前的一花一草一天堂的素简生活，看似什么都没做，却是什么都已经做了之后放下欲望的回归。对生活的领悟此时何其丰富！一杯茶里就能看到过去岁月惊心动魄的整个乾坤。然而你只是笑笑，淡然地喝下这杯茶。这才是佛系人生的要义。

那些一边为上司的不公对待愤愤然于心，一边自我安慰"算了算了，我就不争不抢，随其自然"的，或者对社会上该谴责的不良现象，比如明知其害却假装视而不见、默而不言，网购收到假货，信任朋友却被欺骗，不一而足，该正义凛然地指责、决不姑息的，却以一句"散了散了，大家都不容易"了事，软弱无能，轻易放过，可以很负责任地说一句，这些都不是佛系，只不过是一群掌控不了生活的人在生活面前的无力感、对生活的妥协。

细节决定人生品质！对物质欲望的零下一度，是开启佛系人生的起点。这一点，就从路不拾遗说起，不是你的东西，看也不要看一眼。如果能做到这一点，那么对于生活中形形色色、大大小小的物质诱惑，大概也都能抵御。

从各种对北欧世界人文的描绘里，与世无争，已成为雪域北欧的一个标志，北欧人生活态度的一个代名词。北欧人生性淡泊，不是自己的，绝不会占为己有。路不拾遗，在如今的北欧，仍然是一个美好的传统。当然掉在电车、火车、巴士上的，是特例，你只能去失物招领局认领了。

有一次路过一对推婴儿车的母子，孩子看见路边不知哪个小孩掉的小熊，喊："妈妈，妈妈！"意思是想要妈妈拾起来给他。妈妈停下来，让孩子仔细辨认："宝贝，这个小熊是你的吗？"孩子看看，摇摇头。

"对呀，不是你的，就不能要！小熊要等它真正的主人。我们就让它待在原地，在这里等它的小主人回来找它好不好？"

孩子点点头，临走还安慰小熊："小熊，小熊，不要怕。你很快就可以回家啦。"末了，母子俩像对待一个懂事的孩子一样，挥挥手，跟地上的小熊说再见。

待在原地，是一个特别重要的信息，就跟在商场里上下电梯，人们永远自觉地站在一边，将另一边空出来给有急事的人一样。让路人掉的东西待在原地，已经是北欧人对待失物的一个约定俗成的"套路"。一串钥匙、一只小袜子、单只手套、围巾、帽子、各种小毛绒玩具等，看见的人都会绕着走。不是北欧人冷漠、事不关己高高挂起，而是因为不挪动东西的位置，主人回来顺原路找到的概率是非常大的。我自己好几次丢手套，还有小熊仔丢她的玩具，都是顺原路找回去，东西往往还躺在原地，十分好找。

对不属于自己的东西不争不抢，但对属于自己的东西，北欧人却是拼死也要维护争取。比如每年的国际劳动节，在中国是慰问放假，但在北欧是许多觉得自己的收入与劳动付出不成正比的人，在工会的带领下走上街头游行示威的最好时机。每个人都有表达自己观点的权利，只要你不是以妨害他人为目的打砸抢的游行，在北欧都是合法的。往往每年这时，成千上万的人扯着标语横幅，手拿小旗子，警车开道，走上街头，一则呼吁加薪，二则也让人们更加理解和尊重各行各业。所以，五一示威游行，成了北欧人在漫长的冰雪寒冬之后，迎接即将到来的好季节好日子的"开山鼓"。

在大是大非面前，一向温和的北欧人从来不会采取折中态度，必须有一个清晰明确的判断结果。前一阵子，我的朋友约翰在中国投资建厂，准备雄心勃勃大干一场，厂也建得差不多了，人员也到位了，却在厂房垃圾排污系统这一问题上与合作方意见相差甚大。约翰坚持要按北欧这边的要求标准建立垃圾排污系统，但安装这样一套系统成本特别高，所以合作方不同意，觉得这钱花得不值。双方就在这一问题上僵持不下，最后约翰撤资，结束了这个项目合作。

"我们是要赚钱，但是我们也要考虑环境保护。中国的空气质量已经很差，土地生态已经很薄弱，我们不能再任意妄为！"约翰严肃地告诉我。厂没办成，投资也小有损失，但让约翰真正忧虑和沮丧的，是从合作方身上看到的对环境保护的漠不关心。

前几天，又接到约翰的电话："也许是我错了，我应该去引导他们，而不是停止合作。真正的合作不是对错误的事情一走了之，坐视不管，将错误留在那里，而是用你知道的去帮助那些还不知道的人。"

约翰又一次回到了合作中，并且寻求当地政府的帮助，除了垃圾焚烧、排污处理系统，还将绿能建设概念和技术引进到项目中。在听到约翰要回去合作项目的那一刹那，我深深体会到了什么叫佛家的圆融。圆融不是你对明知是错的事情绕路走，而是勇于拔除恶之花，以清净心，度清净身。

所以，佛系人生，表面与世无争，其实内在里，不但不是消极避世，反而是更积极正面的生活态度。就如莲，看似清净避世，其实才是掌控生活的强者！观其亭亭净植，出淤泥而不染，但那份清净，是与污泥抗争之后，不仅没被打倒，还吸其养分，受其供养，然后中通外直、不蔓不枝、香远益清的结果。

所以，如果你连莲的中通外直都做不到，连破茧成蝶的勇气都没有，既不能是非分明地对待生活，又不能像庄周梦蝶那样快意人生，还谈什么潇洒飘逸的佛道系？

像北欧女人那样约会

女人最好的武器是女性之美和有趣。

——题记

如果恋爱是一门学问，那么北欧女人一定是教科书的典范。

对于北欧女人，长年阅读之后的智慧和优雅，坚持不懈的锻炼之后的线条和健康，常处于同理心的爱和善良，以及不断学习带来的无论是生活还是工作中的独立和自信，是她们对生活和生命的审美核心。面对这样的女人，男人们常常感到手足无措。

有时候，很多外国男人难以搞定北欧女人的关键在于，他们实在难以跟上北欧女人的步伐。比如北欧女人最日常的健身锻炼，穿上专业的弹力运动衣运动裤，身材凹凸有致，放开脚步，奔跑在田野山林间，没有匀速40分钟8公里的运动量，在北欧女人那里都不叫运动。

我有个意大利朋友，起初还雄心勃勃要找个北欧美女，也发誓要像北欧人那样经常锻炼保持身体健康。花重金买了全套运动衣裤，跟瑞典美女约好每周三次跑步，结果跑了三次，意大利朋友就退下阵来。他觉得北欧美女太强悍了，跑40分钟，自己已经是气喘吁吁，结果在人家那里只是前奏。紧接着，健身房30分钟器械锻炼，才是正式拉开帷幕。面对美女的好身材、好容貌，意大利朋友只有叹息的份儿。所以可能这也是很多北欧女人嫁非洲巧克力男人的原因，比如每年场面壮观的哥德堡21公里环城马拉松，承包前三名的都是非洲裔选手。

北欧女人独立这一点，在男人那里真是又欣赏又头疼。为何？首先北欧女人在职场上从来都是和男人平分秋色，甚至收入高于男性，经济独立自不必说。经济独立带来人格独立，有钱经营自己，什么健身房啦，单车啦，滑雪啦，音乐啦，艺术啦，环球旅行啦，只要愿意，北欧女人随时可以走起而不必看男人脸色。对北欧女人来说，如果结了婚反而过得不如单身时，那么结婚的意义何在？所以这些素养带给女人们的，是生活品位和眼界大开，在她们的生活里很多事需要忙，从来不会把生活的焦点和重心全放在男人身上。

至于恋爱里的那些小情调，比如整日一门心思眼巴巴等男友来约自己，或者查对方短信、电话记录，或者出去喝咖啡吃饭等着男人付钱，又或者男友三天没有约自己就立刻心猿意马、胡乱猜测，北欧女人不仅没空搞这些，反而在男人约她们的时候，没有三五个回合的请求，是约不到她们的。这一点，我是很佩服好友心理医生安娜的。恋爱讲的是"清水出芙蓉，天然去雕饰"的纯真自然，但是如果有恰到好处的矜持和修养，那么你的恋爱将事半功倍。

就像美国总统特朗普的女儿伊万卡遇见意中人库什纳一样，阅人无数的安娜很清楚什么样的男人是自己的菜。所以，当她在Facebook上邂逅了才华出众、外形俊朗但内在木讷羞涩拘谨的某IT男时，虽尚未谋面，但已经对其一见倾心。安娜天天在Facebook上翻看IT男的动态，看看他喜欢读的书、业余的爱好、喜欢的音乐，但就是不出手，等着对方约她。注意，这不是手段，这是女孩子的矜持。在这里我善意提醒：在恋爱的战场上，那些忽视矜持的往往是战败方。如何做到矜持？诚如北欧女人安娜那样，有自己的生活重心（女人啊，此时就是你做佛系最好的时机）。

　　动之以情，拿出真诚，耐下心，沉住气。矜持，以静制动，以不变应万变，这是安娜的恋爱基调。这两人的交往可以用三个回合来总结。第一回合，拼才华。没有见过面，没有实质性接触，只能拼才华。音乐啦，书籍啦，电影啦，理想啦，旅行趣事啦，话逢知己千句少，两周聊下来，二人深有相见恨晚之感。一向自信的安娜差不多已经为对方着迷了，但她就是沉得住气，按兵不动。这时只好逼得木讷的男方出马，主动约安娜出来喝咖啡。

　　见面之后，两人聊得情投意合。一个半小时之后，男人明显已经对她恋恋不舍。就在男方思谋着如何将她约到家里做饭的时候，安娜突然给约会来了个急刹车："好啦，认识你很高兴！但是，再不回去，我的水晶鞋掉了，可就赶不上午夜12点的南瓜马车啦！"

　　安娜说着站起来，俏皮幽默地用灰姑娘的童话比喻结束了他们的第一次约会。这样才能给对方一个悬而未决的念想。恋爱是一门学问。第一次约会，谨记不要恋战。为了保持身材和健康，安娜晚餐一向少吃。和我通电话时，胸有成竹的安娜正在享用她简单的晚餐：一片鸡胸肉，几朵水煮西蓝花。

果然，IT男很快又一次约会安娜，一来二去，彼此欣赏，彼此喜欢，那还等什么？恋爱啊！成了恋人之后的安娜将"不主动约会"这个姿态贯彻到底。男友约她三次，她答应一次。发五条短信，她回一次。她每周有自己的计划。工作之余，健身、跳尊巴、和好朋友们见面、自己上街购物、独处等，并没有因为有了男友而改变和打乱。如果男朋友没有及时约到她，约会只好再往后排。如此一来，IT男友紧张得丝毫不敢怠慢，哪还有等女朋友来约自己一说，不管多忙，都要将和女朋友的约会计划排在第一位，生怕慢一步约不到女朋友。

见面之后，两人一起看电影，一起打网球，一起做饭。在虚心求教的女朋友面前，IT男还兴致勃勃地教安娜这个数学是体育老师教出来的人学编程！两人在一起做什么不重要，互相欣赏和鼓励的态度最重要。

在安娜的影响下，原来不怎么注重饮食、健身的男友，也开始和安娜一起注意节制晚餐，并且约定像安娜那样注重环保和健身，买了单车，由原来的天天开车上下班改成骑单车上下班。除了让对方陪自己，安娜还督促以前一个月回不了一次家的IT男友至少一个月回家一次，时常给妈妈爸爸打打电话，发发短信。哪怕是很无聊的短信，比如你煮焦的土豆照片，安娜这样告诉男友。

怎么回事？他似乎挺会谈恋爱的呀！还以为这么木讷的男人不会谈恋爱呢！IT男的同事们像忽然发现公司来了个新同事。

好的恋爱，就是用你自己的人格魅力潜移默化不断影响对方，让对方变得更好。受到男友宠爱，受到对方家人喜欢，两人一合计，搬到一起，正式开启等同于婚姻、受法律保护的同居生活。"功成名就"的安娜，在天台上轻啜一口红酒，轻轻靠在宁可放弃电玩也要陪在自己身边的男友怀中，真是说不出的幸福。

从安娜身上，我深深领会到了北欧女人以柔克刚的所谓强势。世人一提到北欧女人，脑海中首先出现的就是女权主义，想象北欧女人一定是多么强势，凌驾于男人之上，藐视男权，支使男人干这个干那个，买这个买那个。其实不然，美人在骨不在皮。北欧女人骨子里强势独立，但外在表现出来的，却是爽朗温和，甚至可以说，北欧女人是最会撒娇的女人。

去北欧人朋友家里玩，北欧女人坐在客厅的沙发里，和客人们谈笑风生。男人们又是做饭，又是带孩子，又是给老婆和朋友们煮咖啡，忙得不亦乐乎。这时候，聪明的北欧女人往往不会吝啬自己的溢美之词，当着客人的面，对丈夫夸奖有加，奉上香吻，一副"亲爱的，没有你，我可怎么活"的赤裸裸的表白。会不会太肉麻？放心吧，男人从来不会为女人这些哪怕夸大其词的溢美之词难为情，没有男人在这个时候会认为女人说的不是真的。

为什么北欧男人很受用北欧女人的赞美呢？因为当一个人这样赞美别人的时候，往往她自己也要足够优秀，经得起同样的赞美，不然无论多么真诚的赞美，在别人看来都有谄媚或虚伪之嫌。曾经有朋友问我，北欧人或者说北欧女人，既反对皮草又看不上满大街的大牌，那她们到底穿什么？其实对北欧女人来说，任何可以贴上标签打上价格的东西，在她们眼里价值已经限定，已经打折。

傲娇的北欧女人不需要用奢侈品来为自己增色，彰显自己的价值，谈男朋友也一样。她们喜欢的，是男人给自己带来的那些无法用金钱来衡量的价值，比如爱，比如信任，比如志同道合的价值观、心有灵犀的幽默，以及互相让对方变得更好的源源不断终身学习的态度。当然，还有一小时能跑10公里的身板。

藏在Ja^①、Nej^②和 Lagom^③里的生活原则

在瑞典人的生活字典里，

大概可以用Ja、Nej、Lagom

三个词来概括大多数的生活状况。

——题记

人最难的，大概就是很难拒绝！一句"来都来了"，简直可以说服80%的人瞬间改变主意！这是情意使然，也是大部分中国人总想为别人留情面。记得小时跟家人出门在即，却有不期然的客人到

---

① Ja：是。
② Nej：不。
③ Lagom：瑞典词，即不多不少，刚刚好。亦即做事有度，是温和的瑞典人最喜欢的做人处事理念。

来。这时眼见父母心里心急火燎的，却还是邀请客人进门，烧茶煮水伺候。所以每每的结果是，要么放弃外出计划改而陪客人，要么成功说服客人与我们同行。其实，拒绝不会得罪人，答应了又做不到才会得罪人。而当你一旦自定标尺，学会拒绝，那么我保证，你的生活会瞬间轻松一大截！这一点，北欧人做得非常彻底，也大概因此才给人以难以走近的冷漠印象。

世界是大人的，而我只是个孩子！也许，我们每个人心里都曾经住过一个小孩，但这些小孩后来都长大了，长成了生活需要的模样。而在很多北欧人心里，那个小孩却永远不曾长大。比如瑞典人，永远在想办法保持他们天真简单的一生。

在瑞典人的生活字典里，大概可以用Ja、Nej、Lagom三个词来概括大多数的生活状况。比如，属于他们的东西，一定会说Ja。自律的工作、爱情、家庭、孩子、自我的爱好、一本好书、一部好电影、喜欢的音乐、可以去酒吧喝一杯的朋友，都在Ja的范畴。加班、计划外的邀请、路边掉的东西、别人家篱笆墙里的果子、不当的收入，都在Nej的范畴。

我的一个在爱立信工作的瑞典朋友，刚入职的时候，按照爱立

越 简 单
越 美 好

信的规定，他会得到一部爱立信免费提供的手机。我的朋友手机破破烂烂，已经用了很多年，手机屏幕上还带着从前不知哪次不慎落地而摔出的裂纹。我为他高兴，他终于可以有华丽丽的新手机了！可我这位朋友领到新手机后，只是拿了里面的SIM卡用，而将新手机退回了公司。问他为什么，他说："我觉得我的旧手机还能用！我的手机以前在外面不能上网，现在有了新的SIM卡，随时有网络，这对我已经足够了！我知道我的很多外国同事，会把多余的新手机送人或卖掉，但我不需要那么做。"

这是朋友的原话，因为感触，所以一直记忆深刻。

在瑞典人的这种是非分明的Ja、Nej价值观里，正直和单纯可算得上一把标尺。正直和单纯，这是很多接触过的北欧人给我的印象！正直，免使你整日费尽心机投机取巧算计；单纯，让你整个人变得简单，你的生活变得简单。能够省下更多的时间和精力，做你自己喜欢做之事。当然你也可以很理直气壮地责问：难道北欧、瑞典就没有偷鸡摸狗之辈了吗？就没有小人坏人了吗？就没有险恶狡诈之徒了吗？当然有！这就像当我们谈到春天，总会联想到五月山坡漫山遍野的雏菊，冯唐笔下的春林初盛、春水初生，可也不能否认可能有苍蝇、蚊子的存在。我们也不会因为可能有苍蝇、蚊子的存在而否定整个春天。

一个成熟的社会必然由许多正直而单纯的人维持并推动。这种成熟也并不是历经挫折后变得圆滑，圆滑不是成熟，圆滑只是你和生活各自妥协，然后讲和。真正成熟的人，做人和内心一定是正直和单纯的！因为正直和单纯就是：你并不是不知人间险恶和取巧之道，而是知而不为！

说起来，大约这世上最难做的，就是简单。而Lagom，你简直可以理解成凡事有度的代名词！当一个瑞典人需要一个舒适的氛围的时候，总认为凡事刚刚好是最令人放松的尺度。这和我们道家讲的阴阳互补、佛家讲的圆融通达，有异曲同工之妙！对北欧人来说，上班六到八个小时，刚刚好，Lagom！犹如东家之子，增一分则太长，减一分则太短，八小时，这是所有北欧上班族乐意接受的工作时间长度。所以八小时以外的加班，是北欧人深恶痛绝的。

父母来儿女家小住，或儿女拖家带口看望父母大人，通常三天两夜为宜，即便在圣诞节，也不会超过一个星期。这就是北欧人家家人关系的Lagom尺度。每年过圣诞节，我都会和大熊、小熊仔去乌普萨拉公公家庆祝，在公公家的联排别墅小住。都说北欧人家家人关系不远不近、不浓不淡，我看也确实如此。

从圣诞前到新年后，刚好两周，过了新年，就返回哥德堡。公公有5个孩子，那对孩子们热情宠爱的态度，已经很有中国家庭的意味了。大熊是公公最小的儿子，更是被从小宠到大。这两周期间，公公和他70岁的女朋友，早早备好各种丰盛的圣诞食物，忙前忙后，招待孩子们。住在斯德哥尔摩的大哥一家，其余散住在乌普萨拉各区的大姐、二哥、二姐，以及住在哥德堡的我们，每年家族的轮番团聚是必不可少的。团聚的起点，就从公公家开始，然后是大哥家、大姐家、二姐家。单身主义的二哥随大流。大熊每每回到乌普萨拉的家，简直不要太舒服！大长腿往沙发上一摊，一本书或一份报纸，懒到咖啡都要公公煮好配着精心制作的甜点，亲自端到沙发桌前！

可即便如此，再受宠爱，我们也需要尊重公公的Lagom尺度。有一年圣诞，因为大熊假期稍长，住到超出常规的两周，这已经明显超出Lagom的范围，于是向来宽容慈爱的公公，向我们发话了："亲爱的孩子们，明天一早按计划我们要开车前往北部，顾不得你们了。你们要么回哥德堡，要么食物自理。"大熊和我赶紧表示食物自理，再住两天保证自觉离开。于是，一串冰冷的钥匙丢到了我们面前。再看冰箱，果然空空如也！只好自力更生，丰衣足食，两天后，自觉离开。

隔了半年，6月6日瑞典国庆节，公公和女友按惯例来访。自然是奉上三文鱼、大虾、扇贝，西海岸特产，好吃好玩，热情招待，其乐融融！但是作为两位严谨的传统瑞典人，公公和女友也是相当自律，说好的三天两夜，从不超时，不管有多想和疼爱的孙女小熊仔多多相处。每次来的时候，枕头、被单、床罩，以及用来装保温咖啡壶、咖啡杯、餐具、餐巾布、食物、甜点、防潮垫等户外野餐的藤制编笼，放在车后备厢，该带的一应俱全。不仅公公，在北欧，尤其瑞典，出门做客或旅行自带被罩床单，是一个传统，一方面是卫生，一方面是不给主人家浆洗添太多的麻烦。

可能在大多数人的观念里，北欧人旅行通常都住酒店。其实对于北欧人，这可能是一个表象事物的误读。关系好的瑞典人之间，更喜欢挤着住。就我所见，几乎90%的瑞典人都不介意朋友住到家里来。比如我们每年回乌普萨拉住到公公家，公公和女友来了哥德堡住到我家。大熊的一个玩得很好的发小，住在距离哥德堡两小时车程的另一个城市。因为要第一个孩子的时候不易，所以第一个孩子之后，一口气又要了四个。这么多孩子，在现今的新一代瑞典人家庭里已是不多见。

　　大熊发小的家族从其祖父那一代就开始做房地产，到发小这一代，仅父亲去世分到的遗产，就够全家人一辈子好生活不愁。但同大熊一起从音乐学院毕业的发小，并不以富家子自居。醉心音乐，担任着高中的音乐老师，平时客串一下大型歌剧的兼职。因为要带孩子们每年夏天来哥德堡最大的里斯本游乐场玩，来了就从来不把自己当外人，排排坐，吃果果，挤在我们哥德堡狭小的家里过夜。两个大人五个孩子，自带床单被罩枕头气垫，一溜地铺，满满一客厅，走进客厅，就像走进湖边夏令营的帐篷，场面颇为壮观！但我和大熊丝毫不以为意。改到下次我们去拜访他们，发小奉献出别墅二楼最好的主卧室给我们住，好吃好喝招待，相处甚欢。

　　对于那些住在风景名胜区的朋友，互住的风气则更盛。大熊的好友安娜住在大名鼎鼎的哥特兰岛。这下可好，每年请求去哥特兰岛旅行蹭住的安娜的朋友们，预约的名单已经从去年排到了明年。我和大熊又是发短信，又是发邮件，预约了两年还没约上。

　　互住之风如此之盛，而瑞典人乐此不疲。第一，省钱。第二，增加友谊感情。而这样大住特住，却没有让人觉得累，重要原因之一就是在每个瑞典人心里，都有一个Lagom原则尺度。比如发小一家，食物自理，住的时候虽然熙熙攘攘，但走的时候一家人将住过的地方收拾得干干净净，床单被罩都是自己带来自己带回去洗，并没有给我们带来太多不便。他们在的时候，我们也不用特意招呼，大家该干吗干吗。瑞典人说话声音小，惯于低声交谈。这一点在以咖啡馆和餐馆为代表的公共场所体现得尤为明显。所以即便家里一下住进七个人，也没显得聒噪。孩子们也不会乱翻主人的东西，连用卫生间也要礼貌地问一句：可以借用您的卫生间吗？

这个Lagom的传统延伸到北欧大大小小的民宿、B&B，甚至一些自助旅馆，住客都须自带床单被罩。如果自己没带，就需要租，租金通常50～80克朗，折合人民币40～60元不等。

国内的朋友们到北欧玩，问到有什么需要带的，我的答案永远是：要么一套床单被罩，要么一条便携式睡袋。Lagom。

Chapter 5

O

活在当下的从容

越　简　单，

越　美　好

有计划地生活，

可以帮你过滤80%不必要的社交。

房子不是投资，
也不是唯一

对北欧人来说，
不会成为其累赘的，
才是最好的安身之所！

——题记

　　在瑞典词里，有两个词特别有意思，一个是Vila（休息），一个是Villa（别墅）。字母l像一个人。一个人的时候，就是Vila，休息一下就好。两个人的时候就是Villa，要合力买房租房，建立起一个好好Vila的Villa，开启生活新篇章。但是如果因为一座房而受累终生，北欧人是绝对不干的，不管是城市里的公寓还是城市外的别墅。

从19世纪末到20世纪中叶，瑞典人民的生活方式经过两次大变革。一次是19世纪末的城市化，在工业革命的推动下，从农活中得到解放的瑞典人，个个都要接受全新生活方式的洗礼，赚钱买房建房，纷纷争当"城里人"。许多至今仍旧留存使用、越来越具升值潜力的、以坚实厚重砖石垒就的百年老建筑，就是那个时期的产物。如果你走在首都斯德哥尔摩建筑依山而起、挤挤挨挨、窄窄巷道的老城区，依然能感受到当年人人要在城市里有一席之地立足的迫切心情。

20世纪后，进城热潮退去，工业进入大发展时期，高收入、高税收、高福利的北欧经济模式定型。不过，有利有弊，工业文明带来的副作用也越来越明显：环境污染、人口拥挤、城市犯罪。且不说北欧诸国的老邻居英国曾经遮天蔽日的雾霾，如今环境一流的瑞典，当年由于城市住房措施的不完善，也曾经发生过垃圾围城的事。去老城区，看看那些高高悬在窗户位置半人一人多高的门，不要感到诧异，这就是当年全城垃圾就地填埋的后遗症。其时怀念乡下静谧生活的瑞典人受不了城市生活的纷纭，一举掀起"逆城市化"旋风，"抛弃"城市，纷纷住回乡下。好在随后陷入工业发展狂潮的瑞典政府立刻清醒过来，结合欧盟3R垃圾管理政策，开始大举整顿治理环境。同时城市居住条件也与时俱进，城市再一次成为人们的首选，一路至今。

但再怎么建，北欧城市鲜有标志着时尚都市化的摩天大楼，城市楼房基本没有高过六层的。北欧人信仰基督教路德宗居多，教堂在人们心里有举足轻重的地位，从城市兴起的时候，盖房高度不得超过教堂高度，似乎已经是约定俗成的事。城市环保和节能也是重中之重。楼房超过一定的高度，就必须安装电梯，所以至今瑞典的许多楼房，不仅是老建筑，甚至21世纪建起来的新楼房，没有电梯的也比比皆是。

北欧生活慢，比如瑞典，科技文明世界领先，但首都斯德哥尔摩、海港城市哥德堡、海森堡，大学城乌普萨拉、隆德，以及杨雪平、林雪平、马尔默和古城维斯比等大大小小的城市，即便经过两次城市化和逆城市化高潮，生活节奏还是慢慢悠悠。2016年整个国家人口才突破1000万大关的瑞典，国家居住分布，城里一大半，乡下一小半，各得其所，安居乐业，生活中处处颇有中世纪遗风。

被高福利惯坏的北欧人，人生重点在追求生活品质上。如果结婚降低生活品质，那么北欧人就选择不结婚。如果不能给孩子理想的生活条件，北欧人宁可选择不要孩子或者到了三四十岁以后经济稳定再说。房子也一样，如果买了房而不敢轻易换工作或不能按照自己的兴趣选择工作，北欧人宁可一生居无定所。所以才有了马克思的那句名言：资本主义是最好的避孕药。在北欧炒房的人很少，房子在北欧就像车在北欧一样，本身都相对便宜，贵的是使用和维护的那部分费用，水电、物业什么的。再加上政府调控，北欧房价每年上涨速度比蜗牛还慢。此等劳心劳力之事，北欧人认为无疑会使生活品质大打折扣，绝不可为。有一套房就够了，如果还有一幢湖边度假屋，那简直是完美。

因此，北欧没有"房奴"一说。房子对不爱存钱、天性爱自由的北欧人来说，确实只是居住的地方，绝对不能成为累赘。如果你不愿为房子操太多心，政府还会帮你操心，一劳永逸的租房制度，一样可以让北欧人无忧无虑地享受完美居家生活。在北欧，比如瑞典，现在的城市已经很少同意批建私人建筑，或者说，根本不可能，因为这牵扯到城市规划。如果城市盖新楼房，通常情况下都属于房产局作为租赁房来用。需要租房的人可以排队，排到你的时候，你就可以租到一套政府提供的廉租房。租下来后，10年8年20年甚至一辈子，你爱住多久都可以，只要你不主动退还，政府不会收回。但是，有一点特别重要：你不可以用租来的房子当二房东再出租。一旦被查到，房子没收，还会罚款，而且以后无论你买房还是租房都会遇到麻烦。

房价不贵，好好攒个两三年钱，再申请到银行贷款，买房不是那么难以承受的一件事。单身也可以买房，结婚的夫妻双方也可以合力买房。即便收入高，但若让注重生活质量的北欧人勒紧裤腰带攒钱买房，那基本是不可能的，有多少钱买多少钱的房子。而且90%的北欧人都习惯贷款买房，银行给的优惠政策也特别多，但并不是你要贷款就可以随便贷。比如你已经有一套房，还要再买一套，通常银行会怀疑你有炒房动机，或者其他不可知的原因，不会贷款给你。

我的一个朋友，和老公有一套房，膝下两个孩子，夫妻俩都在工作。朋友是中国人，刚好卖了自己在国内的房，想要用这些钱加贷款在瑞典再买一套房，自己不住，平时租出去。贷款的时候，按规定开好了工作证明，个人首付也够，朋友的工作收入税后也蛮可观，但还是遭到贷款拒绝。究其原因，原来银行像个管家婆一样，计算了朋友的收入、朋友老公的收入、在居住的那套房每月需要支付的所有物业水电费用，以及朋友一家四口生活费用日常开销得出的结论是，按朋友一家人的收入和生活，再买一套房势必影响目前的生活水平，贷款不予支持！

　　"我吃什么穿什么还要银行操心吗？"朋友哭笑不得，贷不成款，买房计划也只得作罢。

　　住在城市却不受制于城市。那些居住在公寓里的城里人，虽然平日里在城市工作，但大部分都有隐蔽在湖边海边乡下的夏日度假房。人口稀少的瑞典，整个国家的土地面积也不过49万平方公里，除了稍微遥远、接壤芬兰看极光的北部，其他地区大大小小城市之间相距并不遥远，再加上67%的森林湖泊覆盖率，户外风光尤其旖旎迷人，是自驾游或者单车爱好者的天堂。成千上万童话小屋般的别墅，就点缀在城市与城市之间这些无限优美的田野山林里。

　　但即便如此，在对距离要求十分敏感的北欧人眼里，但凡离市中心车程超过一小时的地方，都属于"乡下"。因为这点执着与偏见，房价飙升得非常离谱。市中心的房价，一套百平方米成百上千万，稍微远一点点，哪怕超过20分钟的车程，就已经是郊区，房价立刻大跌。说来你不信，在北欧，一幢100多平方米住宅面积，带上千平方米享有永久房产权院子的别墅，卖不过市中心一套80平方米的公寓，是常有的事。

　　夏日假期，北欧的城市里难得一见当地人，全是醉心北欧城市风光的游客。那些渴望放空身心的北欧"土著"，6、7月的黄金假期，岂肯白白放过？若没有满世界飞去度假，早就隐蔽于山林湖泊之滨的度假屋里关掉手机优哉游哉做回"野蛮人"了！

　　对生性喜欢亲近大自然、热爱自由的北欧人来说，有大海、湖泊、山林、覆盆子、草莓、蓝莓、蘑菇、龙虾和冰激凌的漫长夏日，整个静谧优美的斯堪的纳维亚半岛，此时都是他们的游乐场。

"冷面女王"的
社交原则

1.将你的表调快三分钟，你的生活将有极大的不同。

2.有计划地生活，可以帮你过滤80%不必要的社交。

——题记

"全套移民瑞典语教育由两大部分组成：SFI和SVA。SFI包括A、B、C、D四级。SVA亦有四个等级：Grundläggande，AVA-1，2，3。记住，全套学习都是免费的！我们在花瑞典纳税人的钱学习，所以应该很努力！现在，我们就站在SFI-B的门口！Klara！Färdiga！Kör！（全力准备，出发！）"

不知不觉，认识英国女孩海莲娜已经有近11年了！当年我俩同为 SFI 初级班的同学，开学第一天，站在移民语言学校的走廊里，扎着橡皮筋马尾，身穿短绿蓝格子呢裙，一身典型英伦范儿学院派打扮的海莲娜，夹着书本，一本正经地跟我科普高福利、高税收、高收入"三高"北欧经济模式下的瑞典语教育系统。说上面那套豪言壮语的时候，我差点以为她就是我们年轻有为的瑞典语老师！

一起风雨同舟三年半，相互鼓励，共同学完所有的瑞典语课程，以及同时修完瑞典学前教育职高文凭之后，海莲娜选择了她喜爱的电影文学研究硕士专业，求学斯德哥尔摩大学。而我留在哥德堡，一边进入瑞典幼儿园工作，一边更加专注于写作。

此后我们这对在求学期间形影不离的"双影人"，由于不同的人生选择，渐行渐远，直至失去联系。谁料 11 年后，秋高气爽的 9 月的某天，我忽然接到海莲娜的短信，说她出差到哥德堡，可否一见。

海莲娜？就是那位著名的惜时如金、素有"冷面女王"之称，似乎还参与过好莱坞版《龙文身女孩》三部曲制作的海莲娜？好像是英国人。跟园长请假的时候，顺便提起海莲娜，谁知我们看似矜持的园长，比我还"八卦"！

　　约会在一个城角的咖啡馆里。已有两个孩子的海莲娜，身上除了岁月赋予她的年龄渐长的温润如玉，几乎没有留下任何烙印。相比11年前，浑然天成的少女气息似乎在她身上从不曾褪去。

　　"知道吗？在我们刚刚分离，去斯德哥尔摩生活的第一年，天知道在一个陌生城市，我有多不适应！和一个人相处久了，不管这个人是恋人还是朋友，会产生连自己都很难意识到的依赖。虽然我有男友，可是你对我来说，是学习上密不可分的伴侣。当我在斯德哥尔摩大学开始我的学业的时候，至少有半年，没有你陪伴的失落感让我无法进入全神贯注的学习状态，有时候甚至产生没有你在学校和我一起做题，没有你和我一起互相带饭，我该怎么办的想法。

　　"那时抱着一种面对新生活想积极融入的态度，在头两年，我在斯德哥尔摩有了大量的朋友。作为首都电影圈的新人，我不惜花时间认识包括导演、剧作家、制作人、演员，甚至舞美在内的形形色色的人。那时总觉得多交一个朋友不是坏事，尤其是跟自己的专业沾边的那种人。说不定到人生的哪个点、哪个拐弯，不经意认识的一个朋友就会帮你。

　　"由于我的风趣和英伦范儿，在朋友圈里我倒也颇受欢迎，一度差点认为冷不防认识到生命中的贵人，那我的事业成功可就指日可待啦！当时我的生活费分成三份。一份用来买学习材料，一份作为日常开销，剩下的三分之一，作为社交的费用。直到有一天，在一个电影首映酒会上，我认识了一位圈内颇为知名的导演。

　　"在那天晚上的酒会上，我们端着酒杯，分享人生趣事，相谈甚欢，甚至谈到以后有可能的合作。走的时候，互留了联系方式。可是后来有一天，我精心准备好之后，再打电话给这位导演的时候，他竟然忘了我是谁！经我一再提醒，他才依稀记起：哦，酒会上认识的一位朋友！

　　"酒会上认识的一位朋友！

　　"你知道吗？这位导演的一句话何止伤人自尊，简直刹那间让我醍醐灌顶，点醒了我！忽然明白，在社交场合，那些带着功利主义色彩的社交，你以为你成功地周旋于朋友圈，获得了无数的机会和别人的赏识，你认为重要到人生会重新修订的一次谈话，其实在别人那里不过是一杯酒的应酬！应酬完了，导演完成了出席酒会的使命，风光离去。而你获得的，却是因为出席酒会购买行头而举债的窘迫。

　　"也就是说，我们做的大多数社交都是无效的。没有真才实学，没有自己领域的一席之地，那么再多的社交，也不过是婚礼上为人助兴的撒花童子。更别说和那些可有可无的所谓泛泛之交的三天两头的吃饭喝咖啡，那不过在徒然地浪费你宝贵的时间和精力！交朋友也是要讲精神上、实力上的门当户对的！我们蹲下身聆听一朵花的语言，也强过忽略自我，与人做无谓的社交。

　　"从那次以后，我有意识地减少社交，有了自己的一又三分之二社交管理原则，也就是核心次第社交原则：以一周时间为量，把计划一周内要做的社交按重要程度次第排列，越重要的事离核心越近。注意：这些计划是指你工作之余八小时以外的时间管理原则。核心次第社交内容，可以是你和家人的天伦之乐、和朋友们的交往，也可以是去健身房，或者去参加尊巴舞课堂，或者咖啡拉花聚会。而这里面最重要的，就是你自己和自己的社交。当你感觉无须交往的时候，一定不要勉强自己。坐下来，煮一壶咖啡，一小碟甜点，一本书，一个好看的电影，窝在沙发上的静谧时光，也是一次优质的自我社交！且这样优质的自我社交，最好每周一到两次！一个人如果学不会和自己独处，那么再多的社交都谈不上有真正意义。就像你整天忙来忙去，在别人眼里却是无所事事的样子。

"所以核心次第社交原则，不是不让你社交，只是减少无效社交。想想看，花一个晚上，清除手机上所有多余的、无关紧要的僵尸号码。和朋友们吃饭、聚会、派对之类，一个月两次足矣！刚开始拒绝确实有点难，但是慢慢习惯之后，感觉挺好，至少会觉得减少社交的生活，日子一下子慢下来。原来你自己一个人也有那么多的事情要做！

"极简的生活不是单一，而是专注！"

海莲娜握着半温的咖啡杯凝视窗外："可以这么说，一个热衷于社交的人很难有自己的成就。做事需要时间！在减少社交后，我开始接触原本并不熟悉但感兴趣的心理学领域。这些看似和我的专业关联不大的学科，其实在后来的工作中帮了我的大忙。你告诉过我，中国的《孙子兵法》里有句话叫"知彼知己者，百战不殆"，和人打交道，不仅要识人识面，还要识心！这就是我选修心理学的原因。当然，像你一样，每周三次的健身是少不了的！能看出来吗？"

"冷面女王"说着身子朝后仰，让我欣赏她曼妙的腹肌轮廓。

临别的时候，站在哥德堡歌剧院旁的港湾，在那艘仿古船迎风起舞的风帆下，海莲娜张开双臂，给了我一个有力的、长久的拥抱："亲爱的，专注你的写作！我期待你的小说！期待你的《哥德堡号1745》！别忘了拉我演你的女一号！不然跟你没完！但愿那时我还没老！"

"老了可以演女一号的奶奶！"我回答道，更加有力地回抱她。天晓得我俩每每说着冷笑话的时候，严肃认真、配合默契的样子，是多么契合！在不明就里的外人看来，仿若两个探讨哥德巴赫猜想的神圣科学家！

——真正的好友永远不缺夜里两点的谈心，缺的是彼此心灵的共舞和互相的欣赏与鼓励！

乖孩子和熊孩子

北欧人一直相信，

成年人是孩子的一面镜子。

与其将劝告和警示挂在墙上，

不如以身作则，做出表率。

——题记

　　在北欧人这里，没有熊孩子，只有熊父母。

　　北欧的教育体系里，孩子的教育不仅仅是父母或者学校的责任，而是父母、学校和社会三方合力的结果。三方中任何一方缺失，教育的质量必将大打折扣。这就是为什么在北欧，在我们所谓的"社会"上，即便那些与你的孩子擦肩而过的陌生人也是孩子素质教育的一部分。

在北欧的民族意识里，孩子不仅属于家庭，也是整个社会的财富。每一个公民都有教养未成年人的义务。这种理念表现出来，就是公民们自觉遵守社会公德、社会公共秩序以及公共空间的高度自律，为认识或不认识的与他擦肩而过的每一个未成年人做出表率。比如大部分的北欧公共场所都是无烟区，在巴士或电车的候车厅外，即便可以抽烟，很多人还是自觉地选择含在嘴里的唇烟。

北欧河流众多，几乎每个北欧城市中心，都有一条宽宽的河流穿过。夏天来时，大家可以坐在宽宽河边的草坪上或台阶上，吃冰激凌，聊天，看云卷云舒，进行阳光浴。就像在哥德堡的市中心，约塔河缓缓流过，宽阔的河道两边，几乎没有什么防护栅栏，顺着草坪的坡地下去，就是河流。但这么多年，从未在这条河上发生过滑稽可笑或悲情之事，比如偷偷跑到清澈的河水里游泳啊，孩子不听话乱跑掉进河里啊，或往河里扔垃圾啊等，至少在我住的这十来年里，从来不曾发生。在河里游动的，只有野鸭和海鸥。

要游泳就去海边或湖里，或者室内游泳馆，北欧人如此认为。孩子带出来，便是大人的责任。告诉孩子哪些可以做，哪些是禁止

的；哪些是安全的，哪些是危险的。好好讲道理，孩子会听。孩子
在北欧人那里更像是朋友，胆怯的时候受到鼓励，做错事要承担责
任，没人会说：算了，他还是个孩子。北欧社会不会为熊孩子埋
单，需要接受惩罚的是熊父母。孩子被教育从小就要懂得为自己的
行为负责。比如三岁的孩子在外面尿急，父母会急急领他找卫生
间。假设随便让孩子在公共区域大小便，父母一定会受到目击者的
投诉：第一，破坏公共卫生环境；第二，暴露孩子身体隐私（这一
条尤为严重）。

说句题外话，北欧孩子在接受性教育方面，可以说是世界上
最开放也最保守的。在幼儿园时期，几岁的孩子已经有保护身体隐
私部位的意识。一路成长的过程中，对孩子的性教育从不缺席。性
教育不仅体现在和异性的交往上，更重要的是对自己身体的认识和
保护。2015年，瑞典电视台出了一部动画片《小丁丁和小妹妹》
（Snoppen Och Snippan），用可爱的卡通形式，向孩子们讲解男
孩女孩一样又不一样的身体结构。在北欧人眼里，男性和女性的身
体是美好的，性也是美好的，但我们在享受它的时候也要保护它，
就像大自然是美好的，我们享受大自然的时候也要保护大自然，就
是这么简单的意识。

而在成年人的世界里，大家更是自觉遵守那些家庭范围以外的生活常识。文身、头发染成七彩鹦鹉、同性恋、打扮成吸血鬼，你爱怎样都可以，那是你的事，但即便是一个个性十足的"吸血鬼"，也知道不大声喧哗，不打扰他人，如果要抽烟就去抽烟区，不会大庭广众之下挑战公共规则和秩序以显示自己的个性或刷存在感。

范围缩小到一个家庭里，做父母的，如果不懂为人父母之道，涉及打骂及虐待孩子，那么政府调查后会立刻带走这个孩子，为孩子重新寻找合适的寄养家庭。情节严重的，还会剥夺父母对孩子的抚养权。并不是北欧政府不重视血亲关系，而是认为对孩子的保护和教养更是孩子成长的必备。在学校里也一样，如果一个老师涉嫌训斥或责骂孩子，那么老师不但会被开除，还会永远失去做老师的资格。

住在北欧千万别小看你的邻居，倒不是要怎样百般交好，你只要做事不逾矩就永远相安无事。否则，平素里看着老死不相往来，但这些人的警惕性不比"朝阳群众"低。我曾经听朋友讲过一件亲身经历的事：她老公给8岁的女儿梳头发，小女孩长头发老是打结，一梳就疼，于是每每梳头，女儿总是哭哭啼啼。结果，小女孩的哭泣声引来一位总是路过她家窗下的邻居的注意。连续一段时间后，这位邻居向妇女儿童保护署写了一封投诉信，怀疑这家男主人有涉嫌猥亵小女孩的行为。于是妇女儿童保护署立刻发函来调查，及至弄清事情经过后，怀疑才解除。所以看似北欧人生活在一个大家彼此漠不关心的社会里，但对孩子、女人、动物的保护，真正细致入微。

在北欧社会，如果你做了不妥的事，没有人来跟你理论、口角或撕扯，你只会被投诉。就像逾期不交的账单或罚款一样，没人会催你，你只要做好准备接受一张张延迟罚款单即可。没人跟你单挑。法律和公信力决定一切，也解决一切。所以这也是北欧人高度自律的一个原因，人们总不愿抱着侥幸生活，因为说不定哪天你以为别人不知道的事，就会被身边的"朝阳群众"投诉。北欧社会并不鼓励互相揭发，只接受事出有因的投诉。投诉信通常是透明的，被投诉者会被告知为何被投诉。

北欧人一直相信，成年人是孩子的一面镜子。与其将劝告和警示挂在墙上，不如以身作则，做出表率。那些打骂孩子的，就跟家暴打女人一样，只有零次和一万次。

　　这样一来，或许很多人会发问，如果打不得骂不得，那孩子岂不是要上天！但事实恰恰相反，父母从来没有动过一根指头的北欧孩子们，其中熊孩子很少很少。给孩子以温暖，孩子会还以温暖；给孩子以微笑，孩子会还以微笑。在我刚做妈妈的时候，正好在研修学前教育专业，一句话受用无穷至今：做一个温和的妈妈！永远给孩子以温暖的微笑和不时的拥抱。我们总说，微笑的人运气不会太差。其实在微笑和拥抱里长大的孩子，修养和性格又会差到哪里去！

　　北欧的父母们时刻都在跟自己的孩子讲道理。把选择权留给孩子，是北欧教育体系里最重要的一个教育理念，即尊重孩子的想法和表达愿望，孩子有权决定自己想要做什么。小围兜们从一岁半、两岁开始上幼儿园起，就学会自己决定要吃什么东西、吃多少。对那些挑食或者不好好吃饭的孩子，老师们总会劝导："小维克多，你真的不打算尝尝西蓝花？一小朵！尝完再决定要不要吃更多，好吗？"或者："丽萨，现在是11点午饭时间，加餐要到下午两点。这期间没有饭哟！如果现在不吃，就要一直等到下午加餐，记住了吗？"

　　这时孩子总会听老师的话尝一小朵，尝完后，他可以说要，也可以说不要。挑食或者不好好吃饭的那个孩子，也可以不吃饭，老师不会强求。这样做的结果是，让孩子们自己去体会，好与不好的体验，都是经验。尤其在孩子智力高度发展的两三岁阶段，使其形成由体验而获得的经验，比来自父母或老师的说教更有价值。孩子这时已经能够对自身的行为有反思和记忆。比如饥饿体验。幼儿园里的饭菜经过营养师的搭配，味道很适合孩子们的口味，煎土豆、牛肉、肉丸、三文鱼、水煮西蓝花、青豆、橄榄、黄瓜、沙拉、面包、黄油、奶酪、牛奶等，挑食的很少。那些起初不好好吃饭的孩子，饿过一两次，就会知道好好吃饭。这是饥饿体验带来的记忆和价值。

在其他方面也是，孩子要爬高，要玩沙子，想要在画画的水彩里打滚，好好的画纸不要，非要画在墙上，都可以！要爬高，幼儿园里有结绳蜘蛛网和海盗船。玩沙子，几乎每个幼儿园的户外沙池是标配。想要用身体作画？脱光光只剩纸尿布或内裤，在淋浴间孩子们怎么画都行，画完直接冲澡淋浴。爱在墙上画？那么一面墙都用防撞画纸贴满，满足孩子们的涂鸦欲。北欧人就是这样教着孩子们一点点长大。

这种鼓励尝试的精神，在确保安全的范围内，极大地激发着孩子们的创造欲和想象欲，所以至今整个北欧五国的创新发明领先全球，也就不足为怪。

你以为孩子们在幼儿园、学校里学完回来就完？并不是！那只是一个开始，家庭教育才是重点。瑞典系统教育里禁止责骂孩子，尊重孩子想法这一理念奠基在20世纪三四十年代，形成于50年代。所以如今的瑞典家庭，至少三代都已经接受过教育文明的洗礼，在被尊重的教育氛围里成长起来的一代代瑞典人，深深认同这种独立、自主、理性的教育理念，也乐意将这样的理念贯彻下去。大部分的家庭，父母和孩子们凡事都是商量着来，比如业余爱好。

北欧学校功课不多，五年级以后才开始考试记成绩，所以对有大把时间的孩子们来说，选择一两个业余爱好加以训练和培养是平常的事。家庭的做法通常是，将适合那个年龄段的爱好加以罗列，让孩子们自己进行选择。如果孩子们不甚明了，比如觉得跆拳道好玩或者冰球有趣，但又拿不定主意，通常都有一两节课的试学。再就是听到同伴们学什么，小孩子们自己也要学什么。不管选什么，父母都会加以鼓励，虽然可能父母想要孩子学声乐或舞蹈，而孩子选了足球，做父母的照样支持！孩子的快乐第一！这是最重要的。

因为临海，又有高山、湖泊、森林等得天独厚的条件，近水楼台先得月，也是为了安全意识，北欧的孩子们游泳是必会的，其次是为了娱乐和亲近大自然的滑雪。这样，每年夏季或者冬季，跟着父母出海或者高山滑雪，才有意思。

大部分北欧人都爱吃甜食，糖果店不仅对孩子，也对大人充满了极大的诱惑。怎么办？父母和孩子们只好"约法三章"，定好星期六是糖果日，大家都遵守。平日父母不吃，孩子也不吃，但到了星期六，父母和孩子们一窝蜂冲到糖果店，各挑各的糖果，一样都不能少。说话算数，大概这样的父母，没有孩子会不信任。即便有时忘记了，也一定要在想起来的时候立刻补上，或者答应过孩子们的事，郑重其事地记在记事簿上，提醒自己不要忘记。而对孩子们那些无理的要求，父母总会不厌其烦地解释为什么不可以，然后坚定拒绝。这些处事原则是平常生活的基调，在父母这样的影响下长大的孩子们，很容易模仿并终身受用。

北欧的教育体系，甚至让我自己也受益良多。我生长于传统的中国家庭，小时候没挨过妈妈的鸡毛掸子，那都不叫完整的童年。长大后，出国，定居，有了爱女小熊仔。初为人母，在孩子不乖的时候，还有不耐心的冲动。但学了学前教育专业，在幼儿园里工作，时时的工作体会，使我每天总有新的领悟，让我不由得审视自己，既然对别的孩子都那么耐心、和风细雨，为什么对自己的孩子要粗暴呢？为人父母，不是应该对自己的孩子更有耐心才对吗？甚至对小熊仔的承诺，更是提醒我答应过孩子的话一定做到，否则就不要答应。

前些天小熊仔换牙，我告诉她掉的牙齿给妈妈，有礼物哟！小熊仔果然郑重地将换下的乳牙一路从学校带回来，放到我掌心。晚上我便扮"牙仙"，在她的枕下放了一个画着大大爱心的100克朗（约等值100元人民币）的红包，祝贺我的小熊仔又长大一点点。这样的相处，可能没有"打是亲，骂是爱"来得那么激烈，但温和而细水长流的爱与信任，对孩子一生性格的形成，是何等关键！

教育一个孩子，从来不是父母、家庭或者社会单方面的事。如果在学校里老师告诉你要乐于助人，回到家里父母教育你闲事少管，到社会上助人反而被讹，一个道理，孩子要面对三种不同的说法、三种不同的状况，虽然各有各的说辞，但是对一个孩子的成长来说，未免太扭曲残酷。

所以北欧人教育孩子，不仅是教育自己的孩子做一个有素养、有公德心的人，自己走出去了，也时刻记得给别人家的孩子做榜样。因为在家庭里，你是孩子的父母，但是走出去，你就是别人家孩子眼里的"社会"。一屋不扫，何以扫天下？做不好一个孩子的父母，又怎么做得好社会上行走的你自己？

妈妈爸爸的1/5时间

好的父母一定是孩子的玩伴!

——题记

北欧人没有公公婆婆帮带孩子,虽然有长达480天的带薪产假,但那毕竟是有限的,产假满了,孩子去幼儿园,妈妈或爸爸回归上班,带孩子的日子,照样忙得满天飞。再说小可爱们,两岁以前是天使,两岁以后"天使变魔鬼",有时顽皮起来,能把"我本优雅"的妈妈爸爸们逼疯!

但即便如此,北欧的妈妈爸爸们还是将时间划分成若干块儿,不管日子多忙碌,其中五分之一的时间,一定是留给自己的!哪怕一天一个小时,甚至40分钟。这种运筹帷幄的本事,要点就是规

划布局，有计划地生活。生活在哥德堡的三孩家庭汉斯夫妇，可
说是我认识的瑞典家庭里，既没有忽略孩子，又没有辜负自己的
典型。

汉斯机械专业出身，典型理工男，妻子丽萨是幼儿园老师。两
人最大的孩子八岁，最小的三岁。学校、幼儿园都管午餐和加餐，
甚至幼儿园还包括早餐。瑞典遍布幼儿园，每个区至少有五六个幼
儿园，为的就是方便父母们就近接送孩子，不用跑远路。汉斯夫妇
孩子们的学校和幼儿园就在家附近，隔两条街就是。丽萨上班早，
负责每天早上送孩子。汉斯下班时间可自行决定，负责每天下午接
孩子。

丽萨下班顺路去超市购物，直接回家就开始准备一家人的晚
餐。等到汉斯和孩子们边玩边闹，晃晃悠悠回到家，晚餐已经就
绪。吃过晚餐，一家人有一个小小的Samling（小会议），孩子们
有一个小时的自由活动时间，可以选择自己想玩什么。至于妈妈爸
爸，只要用手比画一个"5"、一个"1"，孩子们秒懂，马上心
领神会妈妈爸爸的"1/5时间"到了。这个时间大约40分钟到一小
时，是属于妈妈爸爸的，孩子们绝对不可以打扰。布局停当，分头
行动，小家伙们拿到玩具、书，或者打开电脑，抓紧时间玩。

这个时候，丽萨和汉斯先舒舒服服简单冲个热水澡，然后要么两人谈谈心，谈谈一天的工作，要么什么也不做，只管赖在沙发里一起慵懒地偎依着听听音乐、看看电视或者短片。瑞典在19世纪初就已经将家庭教育提上了儿童教育体系的首要地位，认为妈妈爸爸的陪伴时间对孩子们来说应该更长。除了父母八小时的工作，再加上晚上的睡眠时间，其实孩子与父母的相处时间相对不足。这也是近年来六小时工作制呼声渐高的原因之一，孩子需要父母更多时间的陪伴！妈妈爸爸的陪伴时间越长，父母之间的相处越舒适，孩子们的安全感则越强，成长中的情商越高，越容易与人相处。

父母们的陪伴，其实有时并不是你每分钟都要待在孩子们旁边，陪其玩耍。孩子们在幼儿园或学校和小伙伴们相处一天，这时回家也需要小段的独处时间，一个人画画或者玩玩积木，作为父母，只需要给孩子一种父母一直在身边的感觉即可。就像汉斯夫妇，虽然享受着"偷得浮生半日闲"的五分之一时间，孩子们也知道妈妈爸爸需要休息片刻，需要独处一下，但孩子们知道妈妈爸爸就在那里，温馨的家庭氛围让他们觉得心安，就是很好的感觉。

　　虽然孩子们睡了以后父母有的是时间空下来做做自己的事，但汉斯夫妇认为和孩子们商量后达成一致，选在一个大家都需要放松的时间段更有意义。一则这样做对家里不管孩子还是大人每一个成员都公平。人的精力是有限的，不可能连轴转一整天，奥妙就是劳逸结合。像工作中的Fika一样，须分时间段休息。八小时工作后，再紧接着做饭吃饭，身体已经连续工作几小时，必须停下来休息放松。二则也让孩子们明白，孩子不是妈妈爸爸生活的全部，即便在家里，父母也需要有一段不被打扰的时间。

　　一个舒适的缓冲之后，差不多到了孩子们睡觉的时候。家庭自由活动时间结束，汉斯夫妇会给孩子们来一场他们最爱的收拾玩具竞赛，其实就是通过游戏，培养孩子们玩完东西之后物归原处的习惯。这个比赛，孩子们乐此不疲，只等妈妈或爸爸一声号令：宝贝们，每人捡5个玩具放回原处，看谁捡得最快！一、二、三，开始！

　　孩子们好胜心强，玩具收拾得又快又好，从不用妈妈爸爸为东西丢得到处都是而头疼。仅这一招，就节省了汉斯夫妇好多时间和精力，更不用说别的兴趣盎然、寓教于乐的游戏。

晚上最迟8点半，孩子们必须上床睡觉。上床前半个小时的朗读，轮到丽萨上场。因为妻子做了饭，汉斯开始负责善后，打扫餐桌，洗锅刷碗。孩子们围坐在起居室柔软的大沙发上，橘黄的台灯下，穿着睡衣依偎在妈妈身边，听妈妈读书。读着读着，总是从最小的孩子，哈欠开始传染。汉斯过来抱最小的孩子上床，大点的孩子睡意蒙眬走到床前，和妈妈爸爸道了晚安，倒头便睡。平凡的一天就这样过去了。

若有什么公司聚会或者朋友派对，没有父母帮忙带孩子，北欧小夫妻们有的是主意，那就是有孩子的父母之间互相帮忙带孩子。也许早已料到了这一点，在北欧，从夫妇孕检开始，MVC（母婴保健中心）就积极组织孕妇们聚会，一来交流经验，二来结交朋友，为的就是年轻的父母们成为朋友后，家里的孩子都年龄相当，可以互相帮忙带。别小看这样的联谊，遇到周末或者夫妇俩想要浪漫一下，出去看场歌剧，听听音乐会，或者参加派对，这时，给力的联谊会上认识的朋友就会神助力，尤其一些紧急的事，堪称救场。

　　如前面所说，北欧的父母们爱孩子，但亦认为孩子不是生活的全部，朋友式的相处让父母和孩子都感到轻松。在北欧街头的咖啡馆里，如果你看到推着婴儿车，带着两三岁的小围兜出来喝咖啡的父母们，也不必太讶异。在北欧的家庭里，这实在是一种常态。北欧人沉醉于咖啡，咖啡以及咖啡文化早早就浸染了北欧人的一生。至于旅行，北欧的父母从不会讲"孩子还太小，等孩子大一点再出来旅行"。只要旅行前去MVC做足防护功课，哪怕还不到一岁，很多北欧的孩子就已经随爱旅行的父母出去见识世界了。

　　虽然看过什么景色，去过什么国家，小围兜们可能了无记忆，但在非洲看大象时的讶异，在水清沙幼的亚热带沙滩上小脚丫踩到沙子上时异样的感觉，在挪威高山上滑雪时的小心翼翼，对孩子来说都是美妙的体验。甚至哪里也不去，就在湖边或森林度假屋"百草园"，和堂兄弟姐妹们吃过满嘴紫黑的蓝莓之后，又将多余的覆盆子用狗尾巴草穿起带回来的童年时光，都是那样的欢乐和无忧无虑。对北欧人来说，这便是生活的意义。成长，永远不必等待，你认真过的每一天，都是成长。

　　除了养孩子，北欧人还非常喜欢养狗、猫这些毛孩子，也特别喜欢让毛孩子陪着孩子一起成长。这种孩子的纯真与动物的天性尤为相似，许多有宠物陪伴的孩子，长大后对生活都分外温和。

Chapter 6

O

大道至美的初心

越 简 单 ，
越 美 好

当我们讲极简的时候，

不仅是家居的极简、

饮食的极简、

人际的极简，

更是精神的极简、

生活风格的极简。

北欧人和
大自然的十诫

生活的美好，

不只体现在人与自我的修养上，

更体现在人有能力与大自然的和谐共处上！

——题记

　　在基督教《圣经·旧约·出埃及记》中，先知摩西以上帝耶和华之名，在西奈山上颁布十诫和律法，以约束世人。

　　在北欧，虽然对宗教信仰没有那么强烈的形式和需求，但在每一个北欧人心里，都有一部人人愿意遵守的、人与大自然和谐共处的十诫。也许你在北欧宣传画册上看到过这样一个词——

Allemansrätten。这就是北欧人和大自然的十诫：人人都有享受大自然、行走在大自然中的权利，所以人人也有保护大自然的义务。

虽然瑞典、芬兰、挪威、丹麦、冰岛五个北欧国家对于这个词规定的法律内容不尽相同，但大同小异，都是旨在保护大自然，更好地享受大自然。比如不得将垃圾留于自然，不得捕捞过度，不得在森林生火，不得擅入私人领地，不得伤害惊吓野生动物，不得践踏耕地，不得无证打猎或钓鱼，不得破坏鸟窝端走鸟蛋，不得私自砍伐树木，不得破坏植被。总之一句话，在大自然中行走，你也是大自然的一部分，不要惊扰大自然，也不要破坏大自然，而要与之和谐共处。

大自然的回馈总是丰厚的！如果你遵守了这些情理之中的基本约法，大自然反馈给你的比你想象的更多。除了生长于森林田野间的各种浆果、蘑菇随便采摘，那些帐篷爱好者，如果问明了主人家，甚至在不惊扰主人的情况下，可以把帐篷搭到别人家千百平方米的院子里去。除此，尤其那些金钱买不来的东西，比如蓝天白云给你的纯净空气，陶醉于大自然湖光山色之间的愉悦健康和身心彻底的放松，才是大自然真正的魅力所在。

所以无论是户外活动或远足，北欧人所过之处，森林里、草坪上、湖边，永远是干干净净的，不会留下一星半点垃圾。秋日到，住别墅的家家户户院子里的果子成熟，硕果累累的枝头探出篱笆，即使枝头弯到地上，也少有行人伸手去摘。出海捕鱼，进森林采蘑菇，海洋有海洋的法则，山林有山林的法则，北欧人几乎从来不会捕鱼超出限量，或将发现的蘑菇采个一朵不留。写着Privat①牌子的地方，比如牧场、森林、自家修的湖边游泳码头等，或者带矮矮篱笆的别人家的院子，虽然那篱笆低矮到形同摆设，北欧人都会十分注意，不去私闯冒犯。

由于人口号一键制，那些年龄啊，住址啊，电话号码啊，我们以为要十分在意的隐私，在瑞典人那里反而云淡风轻。真正的隐私对北欧人来说，就是保持人与人之间的距离，互相不要轻易打扰。这样的隐私，也反映在瑞典人家的住宅领地上。瑞典人住别墅，没有修墙护院的意识和习惯，所有住着别墅的人，庭院或者修矮矮的篱笆，或者种灌木，或者索性呈开放式。但无论怎样，所有北欧人都知道这就是别人家的院落，不得私自擅入半步。

从小学六年级以后，为了培养孩子们亲近大自然的意识，北欧

① Privat：私人领域。

学校每年都会陆续组织孩子们参加木屋冬令营、高山滑雪和夏日湖泊夏令营。森林取火是被禁止的！这一律法和教育从孩童开始，已深入人心，没有哪个北欧人会试图去触碰。北欧寒冷，去高山滑雪的人，都知道要穿好防雨雪潮湿的连体防寒服，带好专业的睡袋和帐篷等一流的保暖设备，而非取火装备。

对热爱户外运动的北欧人来说，重金装备起户外运动行头来毫不手软。除了加拿大的始祖鸟，深受户外运动爱好者喜爱的由瑞典人Victor Haglof①，于1914年创立于瑞典Dalarna②的Haglofs③，以及自中国大明星刘烨的混血儿子小诺一背了以后，进入国人法眼的Fjalleraven④瑞典小狐狸国民包等一切，都是深受北欧人青睐的顶级可选的性能良好的户外运动装备。北欧人为"进山下海"投资的装备，跟从小在幼儿园里学到"没有不合适的天气，只有不合适的

---

① Victor Haglof：维克多·哈格罗夫。
② Dalarna：达拉纳，位于瑞典中部。以静谧美丽的森林与湖光山色著称。
③ Haglofs：火柴棍，是欧洲领先的户外高端品牌。Haglofs是1914年在瑞典的Dalarna镇上由Victor Haglof创立，在创立之初是以生产背包为主。如今Haglofs火柴棍现在已经成长为瑞典最大的户外品牌，同时也是北欧地区最大的户外产品制造商和提供商，其拥有全线的户外装备，并分为服饰、鞋品及配件三大类。
④ Fjalleraven：瑞典北极狐。Fjallraven因其标志为一只蜷卧的小狐狸，因此也称"小狐狸包"，是酷爱户外运动的瑞典人最喜欢的户外运动品牌之一。在中国真人秀节目《爸爸去哪儿》中，明星刘烨的儿子诺一背的小黑书包，即瑞典小狐狸包。

衣裤"理念是一脉相承的。

　　唯其如此，才有北欧伐木场之称的瑞典，即便人们世世代代善用木材打造一切，比如成千上万的小木屋、以原木产品为主的宜家家居，但瑞典森林千百年来几乎未见丝毫损减，一则大家的爱林护林意识；再则政府先见之明的环保意识，从600多年前爱好北欧派平地滑雪的瓦萨国王起，伐一棵树补种一棵树的律法就已经深入人心。即便用来做栋梁的木材长在自家家门口，瑞典人也不会兴起私自偷伐之念。众目睽睽之下，做事不逾矩，那是遵守规则。自律，在那些人看不见的地方。就像圣诞节来临，森林里松果跌落，每年都会长出很多品相好的小松树。但出门走几步就是森林的北欧人，要圣诞树，也不会提起斧头走向森林，而是带上银行卡走向集市上的圣诞树市场。

　　北欧人家的院子里都喜欢种上苹果树、樱桃树、梨树、李子树等果树。尤其苹果树，秋天一到，风乍起，金灿灿、红彤彤的果子落一地。起初以为一定是酸涩难以入口，但偶然捡起来尝尝，酸酸甜甜，真是好吃。后来才知道，这些果子，就是要它们随意掉落，给驯鹿、刺猬、野兔等留下过冬口粮。瑞典驯鹿多，就我住的房子，院子里也经常有驯鹿来访。好心的邻居告诉我，秋天的驯鹿惹不起，尽可能躲远点。原来每到秋天，吃了太多果子的驯鹿，由于果子在胃囊里发酵成酒，驯鹿变醉鹿，发起酒疯来，一改平日森林之王的气势，连树都敢上。记得有一次新闻，便是警车出动拯救一头发了酒疯爬到树上下不来的驯鹿！

那些又圆又大香气扑鼻的苹果，也有院子主人摘了来做果酱或者做苹果派给孩子们吃的，但摘也是摘垂下来扑棱到眼前的，那些高处的、树顶的，北欧人从来不会摘完，是留给空中的鸟儿的。虽非驯养，但北欧的鸟儿都不怕人，你喝咖啡，它敢从盘子里跟你夺食。每年夏季，四五点天已经大亮，睡在床上，就听鸟儿在晨风中展开歌喉，一只比一只叫得婉转动听。在鸟儿的歌唱里开始愉悦的一天，对北欧人来说，真是惬意的人生。所以鸟儿在北欧人那里，永远会得到善待。

从11月开始，一直到次年4月中旬，北欧的冬天漫长而寒冷。鸟儿觅食难，但家家户户都有提供给这些羽孩子的流动"鸟儿餐厅"。仔细看，屋檐下或树上，北欧人家的庭院里，都有给鸟投食的鸟食笼。散装的麦粒、瓜子、小米，或搓成团的混合了各种谷物的团子，都是鸟儿喜欢的食物。北欧人从超市买来，装进笼子，挂在树杈或檐下，一会儿就会引来一群叽叽喳喳的小客人。在城市里，除了有爱心的人们，政府也会定期派人将谷物团挂在高高低低的街道边的树上和灌木丛里。而森林公园腹地湖边成群的野鸭更不用说了，冬日，湖中心的喷泉温水涌动，成百只野鸭扑棱着翅膀在水里上下翻飞洗温泉浴。洗罢温泉浴，远远看见拎着面包袋的北欧老爷爷老奶奶或推着婴儿车的孩子和父母们走过来，立刻扑扇着红掌，纷纷冲向岸边，单靠卖卖萌，满地的面包屑尽可以放开肚皮吃！

今年的雪特别大，虽然只是-3℃，但厚厚的积雪已经没至膝下。在北美，家家户户须清扫门前雪，否则造成别人摔伤算你的责任。但在瑞典都是政府出动，用铲雪车将路上的雪铲平。家家户户也没有必须清扫门前雪的规定。即便如此，我还是抢起雪铲，在门前篱笆与大路之间的人行道上，铲雪车到不了的地方，为过往行人和狗儿开出一条平坦的甬道。铲雪的照片发在空间里，大家纷纷赞扬。其实，为他人着想的又何止我，看看左邻右舍，谁家不是这样？

北欧人的笨拙精神

其实说起北欧人的笨拙精神，

无非就是遵守公共秩序，按照规则办事。

而正是这种看似迂腐的笨拙精神，

才让一切变得简单清澈。

——题记

简约主义，对北欧人来说不只是衣食住行，更是一种延伸到人际交往、工作和学习中的生活态度，虽然这种态度有时自律到让人感到不近人情的"笨拙"。

近几年回国，每每按规矩做事，经常受到朋友们善意的嘲讽：你是不是在国外待傻了？比如一上车，不管是私家车，还是出租车，第一件事就是系安全带。有一次和大学好友全家自驾游，临行才发现车上竟没有好友五岁儿子专用的儿童座椅。一再提醒朋友应该装一个儿童座椅，但朋友颇不为意。最后在我一再坚持下，才一起选购了一个安全性能良好的儿童座椅。自驾游一路归来，有惊无险，朋友虽然最初笑我"在国外待傻了"，但最终还是由衷感谢我的坚持。

人的一生是一个不断学习的过程，我之所以变成今天凡事像北欧人那样，秉承着外人看来的"笨拙精神"办事，亦是自我成长的一个过程。

其实说起北欧人的笨拙精神，无非就是遵守公共秩序，按照规则办事。而正是这种看似迂腐的笨拙精神，才成就了今日北欧社会的清明风气。

和北欧人办事，不必拐弯抹角，也不必看意思想话由，猜背后的意思。虽然有时这种直来直去的直线性思维和谈话方式让人脸上颇挂不住，但一旦适应了反而觉得简简单单，是就是，不是就不是，好就好，不好就不好，不用来回费心猜疑，还不用担心一不小心何时得罪了人。人与人之间的相处变得简单而容易。

　　这种人际关系的简单处理，也极大地延伸进了北欧人的生活，影响着北欧人衣食住行的方方面面，一应事物，崇尚简单。全身行头，简约大方，颜色不出黑、灰、白三色。北欧家居，颜色简单干净，舒适为宜。近年来，北欧人的家居布置，渐渐流行起"书墙"做装饰，客厅、卧室、工作室，甚至厨房里，白色或原木的书架上，全是闲暇时拿来阅读的书籍。所以每年过圣诞节，不知道送什么，送书就好了，永远不过时且彰显品位。平日里，除了过生日的礼物要根据个人喜好精心挑选一下，书、花和巧克力永远是深受北欧人喜欢的最棒的礼物。

　　送什么样的书，一时拿不准对方的读书偏好，就送当年获得诺贝尔文学奖的作家的书准没错。我的书架上，莫言的瑞典语版《蛙》、爱丽丝·门罗短篇小说选，包括最新获奖的日本裔英国作家石黑一雄的《被埋葬的记忆》等代表作，都是历年亲戚好友们送的圣诞节礼物。

　　平日里，在瑞典人的风气中，比如为表达感谢，或者同事们的互访、好友们的简单聚会，别说送巧克力，送什么样的巧克力也是一种民众默契。送太贵会把人吓着，送太便宜又拿不出手。最通常

送的，莫过于Merci这种巧克力，价值折合人民币不到50元，尤其
寓意特别合适。Merci是法语中"感谢您"的意思。包装别致，简
单大方，是瑞典人最爱送的巧克力之一。

　　有时候别看瑞典人内敛，但个个都颇有幽默的天分。如果你读
懂了圣诞节"出去买份报纸"的人，就是那个即将要装扮成圣诞老
人派发礼物的人（这个角色通常由家里未婚的男孩子担任），或者
别人送了你家新出生的宝宝几套自家宝宝穿旧的宝宝装，又或者在
公司实习结束的时候，你适时地送上一盒Merci，掌握了这些小有
意趣的只有瑞典人懂的小"套路"，瑞典人必定会拿你这个异国人
当自己人对待，无形中亲近几分。这些暗合心意的适宜礼节，无疑
都是行走瑞典社会人际交往的助攻。

　　众所周知，北欧人办事慢条斯理，但效率高，其中最重要的
关键因素就是北欧人不仅家庭关系简单，工作关系也非常简单。简
单的工作环境容易让人更专注于工作本身，而不必分心处理工作之
外的琐碎之事。比如瑞典人，在工作中极少去攀比谁做得多、谁做
得少，谁工资高、谁工资低，领导谁说了算、谁说了不算，同事里
谁跟谁走得近、谁跟谁有矛盾。瑞典人每天工作八小时，只是专注
做好自己的事，极高效率地完成自己的工作。下了班，轻轻松松走

人。工作就是工作，下班后彻底放松，绝不把工作的事情和情绪带到宝贵的业余生活里来。

而对于不认同的事，或者感觉受到不公平的待遇，要么找老板谈，要么由加入的工会出面调解。总之，怎么简单有效怎么来，这就是北欧人的工作态度。所以除了占用洗衣时间，你很少看到北欧人互撕。

就像我们经常说的一个道理：当你说了一个谎，你就不得不撒更多的谎去圆这个谎。在北欧人这里，破坏了一个规则，就不得不搭上更多的规则去弥补这个规则，所以还不如不犯规。比如每月的各种账单或罚单，都写着缴纳的限定日期，全靠你的责任心和自觉。迟交或拒交，没人来催你，但延迟罚单自会一张张来，一张张累计，本来是罚400克朗的事，结果可能是4000克朗甚至4万克朗，所以，终止这个恶性循环的最好方法，就是按规则做事，立即将罚款和延迟金交齐。

久而久之，北欧人便养成了这种凡事按规则来的习惯，甚至在人看不见的地方，甚至在"不必要"的时候。比如2017年那次发生在瑞典斯德哥尔摩闹市区的，一个被遣送却不愿离开的难民不法

分子，为了报复，抢大卡车冲向行人的恶性事件。事件当日有死有
伤，且发生在闹市区，引起民众极大恐慌。警车当即封锁了公路，
但即便如此，撤离时，瑞典人还是照样排队，井然有序走人行道，
绝不慌不择路。到了过封锁的马路时，还是要看红绿灯，绿灯亮了
才通行。外人看了未免觉得"傻"，在封锁的没有车辆来往的马路
上看绿灯有何意义？

　　但这就是瑞典人要讲的规则，就是所谓的深入骨髓的"笨拙精
神"，反观之，也正是因为这种笨拙精神，大家做事才少了好多弯
路，节省了极大的时间和精力，也才成全了无论何种状态下自我约
束、井然有序的社会秩序。

　　所以，当我们讲极简的时候，不仅是家居的极简、饮食的极
简、人际的极简，更是精神的极简、生活风格的极简。

北欧女人、男人的
芳华一生

我在母亲怀里，母亲在小舟里，

小舟在月明的大海里！

———题记

对一个北欧人来说，一生中最好的年纪，是高中毕业后空当年（Gap Year）的十八九岁。

也是心中有梦不畏单身的30岁。

亦是刚刚好带着半大的孩子滑雪游泳踢足球的40岁。

更是和心爱之人森林小屋度假湖畔采蘑菇垂钓的五六十岁。

即使到了垂垂老矣的七八十岁，只要身体硬朗，瑞典老人们还会时常来一次说走就走的自驾游。

正是如此芳华的一生，活得足够有趣，瑞典人长寿者居多，常常看起来才六七十岁童颜鹤发的人，其实已经八十有余。

犹记初到北欧之时，给我最大冲击力的就是北欧老人们的心态和身体状况，明明已经暮年，却有着青年人的精气神。也许与饮食有关，但明显对长寿有帮助的，却是北欧人谦和求知的生活方式和心态。如果你不是真的把一个瑞典人惹急了或者占用了其洗衣时间，瑞典人永远是温和的，做事慢条斯理，工作间隙要Fika，阳光好要阳光浴，不肯错过生活里的每一点风花雪月。

作为独立的生命个体，大部分北欧人18岁成年搬出父母家之后，父母对其的抚养义务就算完成。在瑞典，高中毕业之后有一个名正言顺放飞自我的空当年。毕业生们可以利用这段时间去环球旅行增长阅历，也可以打工，或者彻底调整休息一下，以有足够的时间规划未来的发展方向等。

　　这时贴心的父母亲戚爷爷奶奶通常会在孩子的高中毕业家庭派对上送上多多少少的红包，算是孩子人生中走向社会的"第一桶金"，以便让孩子们做自己想要做的事，比如来一场长长的旅行。因此40%的高中生毕业后都会选择至少三五年不等的空当年，在能玩能跑、精力充沛、对世界充满好奇的大好年华，出去探索一番世界，之后再开始大学生涯，专心读书。

　　但不管是选择空当年，还是一鼓作气继续完成大学学业，虽然学费减免，但是生活费、越来越多的社交费等却得自己挣。怎么办？贷款！瑞典人几乎没有不贷款而完成整个大学期间学习的。瑞典强大的福利制度，一则靠国家经济模式运转，二则靠无处不在的公信力。公信力涉及个人，即诚信。银行乐于贷款给每一个人，对于整个国家经济运转，是一个一石二鸟的制约，要还款，就必须工作，在一定程度上，保证了"福利社会不养懒人"。

　　另外，贷款保证了经济的流动。贷款制度就像一个池塘里放养的鲇鱼，鲇鱼最大的作用就是不断游动，激活整个池塘保证活力。这种大学时期的贷款被允许的还款时间相当长，可以是伴随着工作的一生。从你工作的那一天开始，贷款从每月的工资里扣除，直到你退休。对瑞典人来说，身上不背点贷款，那都不叫瑞典人。

北欧人看重一切，比如家庭，比如伴侣，比如孩子，比如喜欢的工作，比如喜爱的宠物，但这里面的任何一项，都只能成为北欧人生命里的一部分，而不是全部。即便结了婚，北欧人依然需要有自己独处的时间，孩子也从来不是自己的全部或者唯一。孩子对北欧人来说是上帝的恩赐、无价之宝，但更是朋友。每一个有生命的个体都是独立的，在独立的基础上，再开始建立各种各样的纽带。

所以北欧人从小就对孩子的想法给予足够的尊重，在孩子小小的脑袋瓜里，有着完整的思想体系，天真纯粹的想法常常令人讶异和敬畏。北欧人尊重孩子们的想法，也鼓励孩子们在安全范围内的无限尝试。北欧人的一生，就是在探索中长大的一生。他们从妈妈爸爸那里得到鼓励，也鼓励自己的孩子勇于尝试。人生的每一天，对任何一个人来说都是全新的一天，不管你是3岁还是30岁。所以在北欧的神话里，才有了《诸神的黄昏》，神也是会死的，需要向死而生的涅槃。正是这种对生命的敬畏和探索，才造就了北欧民族生生不息的勇者精神和探索精神，以及面对生命时万物平等的生命意识。

品质生活决定孩子数量。当北欧人计划要孩子时，就已经着实做好了为人父母的准备。北欧的爷爷奶奶、外公外婆们没有带儿孙的传统，半年一年仲夏节、圣诞节见一见儿孙们，已经是真爱。北欧小夫妻们有福利制度和带薪产假、奶爸假期的支持，又没有"养儿防老"的意识，所以也没有强加于孩子头上的孝顺和望子成龙、望女成凤的愿望，孩子们实际上过得非常轻松和快乐，在很早的时候，就已经能够在父母那里决定自己想要做的事情，获得切实可行的承诺。最重要的是，男孩女孩在北欧人心里一样重要，别无二致。

都说对女性和孩子的态度决定了一个国家文明的高度，其实对女性和孩子的态度，也决定了每个家庭幸福快乐的程度和家庭成员长寿的程度。

北欧的家庭里，女人不需要出去工作8小时，然后回到家再做饭洗衣带孩子伺候老公8小时。这不是女性独立，这只是打着女性独立的幌子，出去挣钱养家，回来还得干尽家务。在农业治国时代，繁重的体力劳动需要男人们的体力，瑞典也曾经有过重男轻女的传统。但自工业文明洗礼和女权主义崛起之后，男女平等的意识早已深入人心。瑞典女人们即便举着女权主义的大旗，也并不因此而妄自尊大，打压男性。两性之间的性别差异对北欧人来说不是互相制衡，而是互相调和。

北欧女权主义的实质，其实是直指人性的两性关怀。如果人人都想要男孩，女人若生了女孩便感到自卑，女性自己都看不起自己，又何来两性世界里的平等和尊重一说呢？最起码的在性别上的互相尊重都做不到，那么所谓的由自尊获得的幸福感只是妄谈。

现在国内很多人开玩笑，喊话那些一心求子的："家里有王位有继承吗？"虽则玩笑，但在北欧瑞典，却是实打实的家里有王位要继承。1977年7月，瑞典长公主、西约特兰女公爵维多利亚·英格丽德·爱丽丝·黛西蕾出生。1979年秋，绝大多数人强烈赞同，愿意接受小维多利亚成为瑞典王国未来的女王，为此瑞典议会修改了王室继承法案，在新的《王位继承法》里宣布，未来的王室孩子，无论男女，只要是头生孩子，就可以继承王位。所以，即便王室还有后来的男孩子——维多利亚的弟弟菲利普王子，但未来的王位是王储维多利亚长公主的。

在北欧这么多年，据我的切身观察体会，其实我们误读了北欧人所谓的AA制。北欧人的AA制，少部分表现在金钱的分配上，而大部分则表现在对待干家务和带孩子的平均分配上。比如我在幼儿园工作，最常见的妈妈爸爸带孩子之接送孩子模式：如果妈妈早上送孩子，那么下午则是爸爸接孩子。一个送，一个接，公平合理，就跟在家里一个负责喂奶，一个负责换尿布一样，分工明确，各负其责。如果一直是妈妈接送或爸爸接送，我们做幼儿园老师的，也未免感到奇怪。除非是其中一方失业在家，又或者是单身妈妈或爸爸家庭，还可以理解。这种公平合理的带孩子模式，即便两人离婚，在瑞典最普遍的做法也是孩子跟妈妈一周，跟爸爸一周，保证父母双方一直在孩子抚养上的不缺席和分担。

这种提倡真正的男女平等，将女性从繁重的日复一日的家务活中适度解放出来的对待女性的态度，造就了活泼乐观的北欧女性主义精神，反映在家庭里，就是丈夫少了一个经常埋怨的黄脸婆，而拥有了一个时常开怀大笑、善解人意的妻子，孩子们少了一个只知道唉声叹气的妈妈，拥有了一个积极乐观有趣开明的母亲。女人们只需要完成自己的那一半家务，然后依然有大把的时间自己看看书，发展一下自己的爱好，比如跳舞、瑜伽、运动或者任何一项健身，隔三岔五约三五好友去Fika或者逛逛街，或者有心情带孩子们去看看画展，听听音乐会，或者全家外出用餐。

一个家庭里，只要母亲这个角色是温和的、开心的，有较高的文明程度，那么这个家庭整个的幸福指数都会很高。这也是女权主义鼎盛的北欧五国在全球各个国家中幸福指数一直名列前茅的根本原因，经济不能决定幸福与否，女人的幸福感才是影响整个家庭幸福指数的关键，每一个家庭的幸福程度又决定了整个社会的幸福程度。

女人似水，如果这水是温柔涌动、弥漫着安静力量的，会带给人安定感和心的归宿感。记得冰心先生有过一首小诗：我在母亲怀里，母亲在小舟里，小舟在月明的大海里！这就是一个水一般的女人带给整个社会的感觉。

不读书无以明志，所以看似耿直内敛、思想不会拐弯的北欧男人，其实是大智若愚。生活，越简单，越幸福！男人，不过是和女人一起分担了家务；但是女人，这个世界上最纯粹的精灵，回报给生活的，却是玫瑰般的甘甜和芬芳，以及月明的大海！

关于北欧：
简约生活的根源

北欧五国即瑞典、丹麦、芬兰、挪威及冰岛。诸神的黄昏、黑暗时代、北欧海盗、刻在石碑上的神秘符文，这些都是标志着北欧历史的很酷的词，很容易让人联想到一个曾经逝去的大时代。而由这些关键词引出的北欧历史，也确实能唤醒人们对那些兵戈相见的北欧历史岁月残垣断壁的联想。

斯堪的纳维亚半岛虽然有大片森林，但地处极北，终年寒冷，特殊的地理环境造就了北欧人民分外坚忍的意志与不易被动摇和左右的性格。而性格中的极度内敛与自律，甚至可以说过度遵守原则给予人的冷漠感，就更不难理解了。这也是何以北欧神话中的"冰霜巨人"虽然令诸神头疼却地位崇高，因为他是整个北欧给人的意象。

提起远古时代的北欧，人们的第一印象便是"海盗"。世界上临海而居的国家甚多，唯独"北欧海盗"大名鼎鼎。北欧民族英雄史诗《埃达》，就是在这几百年里流传在北欧地区的口头文学作品的笔录和集成，它所记载叙述的不外乎海盗和海盗生活。这部英雄史诗中的主人公从君主到奴隶无一不是海盗；神话故事里的神祇，从主神奥丁到他手下的大小神灵亦都是海盗的形象。

从8世纪到11世纪维京人威震全欧洲，是欧洲海上最可怕的海盗，甚至可以匹敌国家的军队，即使登陆作战也不亚于海上。这些北欧神话中英雄的后裔，即以北欧海盗闻名于世的斯堪的纳维亚半岛及德意志东北低地的日耳曼民族，自古生在荒凉苛虐的自然环境中，养成勇武彪悍的个性。流浪、战斗和狩猎是日常的生活方式，他们经常在大胆进取的首领率领下远征他国，并从异国赢得在本土所无的地位与财富。

这些战胜国原有的文化未必优于被其征服的国家，武器和装备也不一定能胜过对方，但其拥有无畏的冒险精神和视死如归的勇气，这是日耳曼民族所以能侵扰整个欧洲的重要原因。这些不怕死的日耳曼勇士，逐渐扩大了远征的范围。公元400年，他们以莱茵河、多瑙河为界，与罗马帝国相邻。到了罗马帝国国势渐衰，北欧人祖先便不断侵扰罗马帝国的领土。

　　实际上并不是所有斯堪的纳维亚人都是海盗，他们和其他地区的欧洲人一样也是老实本分的农民、渔夫和猎人，但是为了防止海盗入侵，不得不成立舰队，以至世人将所有斯堪的纳维亚人都称为维京人。但设若今天你问起一个北欧人，试着称他们为海盗的后裔，这些人通常会不以为意。也许在如今彬彬有礼有教养但缺乏冒险的时代，有那样勇敢乐于冒险、不畏生死的祖先，说出来也未必不是好事，最起码证明祖上曾经很勇敢。

　　船，是维京人文化的重要组成部分。维京人的一切都与他们的船息息相关，船也是他们与外界之间的重要通道。也可以说，因为船，北欧人开放型、乐于创新冒险的种子，在那时已经萌芽。200年前瑞典人的东印度公司已经驾驶着"哥德堡"号频繁在中国广州等沿海城市进行贸易，用矿产换回中国的瓷器、茶叶、丝绸等日用品。维京船制造的材料主要取自高大笔直的橡树，分为战船和货船两类。战船较轻，船窄，灵活轻便，又很耐风浪；而货船的船身又高又宽，船体也很重，在波涛汹涌的大海中载重航行时可保持稳定。两类船都有通常所说的弯曲船首，用一整块完整的橡木精雕细刻而成。 迄今为止，北欧人仍掌握着世界上最先进的造船工艺。赫赫有名的丹麦造船厂的工程师们至今仍忙得满天飞，给韩国、中国等东亚国家源源不断提供着最先进的造船业技术支持。

由于长年的海上征战与生计，维京人又可说是最早的航海家与贸易家。他们不仅是海盗，同时也进行贸易，甚至定居在欧洲沿海和河流两岸。维京时代，他们在设得兰群岛、法罗群岛、冰岛，以及格陵兰岛都设立了殖民地，在10世纪末曾不定期地在美洲纽芬兰居住过。有记录说839年他们曾作为拜占庭雇佣兵征服北非。他们的殖民地遍布欧洲，包括英格兰的丹麦区、基辅罗斯，法国的诺曼底等等。只是到了维京时代的末期，北欧才出现独立的国家和国王，同时也接纳了基督教，开始进入中世纪。直到欧洲各国王权强大，有能力抵抗维京海盗之后，维京人方才逐渐消亡。

想一想我们中原大地曾由春秋战国的纷乱到秦的大一统历史，就不难想见斯堪的纳维亚半岛上北欧诸国曾经为争夺领土地盘发生的连绵不断的战争。古人云：天下大势，合久必分，分久必合。连年兵荒马乱的北欧诸国终于有一天厌倦了战争，借助宗教与神的力量，诸国军队纷纷放下手中的冷兵器，见性成佛，就地结盟，而有了北欧五国以十字架为标志的神圣国旗结盟之渊源。

自然，同处在斯堪的纳维亚半岛，北欧五位小清新很有点同舟共济的意思。同室操戈终非好事，半岛周边的几个实力雄厚的大国，无不对这片欧洲的"后花园"虎视眈眈、觊觎已久。一荣共荣，一损俱损，聪明的北欧王室祖先们不会看不到这一点，战争多年，伤敌一万，自损八千，结盟也就成了必然的趋势。

从前走在北欧街头的时候，常常容易将瑞典、丹麦、挪威、芬兰及冰岛的国旗搞混。大概因为北欧人自打当年结盟以后，就把十字架标志的国旗作为五国结盟的标志。国旗上十字架的尺寸、位置都一样，唯一的区分就是颜色。

瑞典国旗是深蓝底色黄十字，相传是因瑞典和芬兰发生战争时，埃里克王向神祷告，看到蓝天上散发金光的十字架而产生，事实上是根据古代佛尔昆王朝的金色十字架以蓝色为底设计而成。芬兰国旗是白色底色蓝十字，蓝色表示湖泊和天空，白色代表雪，十字代表芬兰是北欧各国的一员。在官方正式场合中，则使用十字中心有只狮子的国旗。丹麦国旗红色底色白十字，据说是世界上最古老的国旗。13世纪初，华德马尔二世和爱斯托尼亚人苦战时，奇迹突然降到他身上。当时他张挂此旗作战大获全胜，于是丹麦一直使用这面旗。另一种说法，此旗是教宗送给十字军的旗帜，十字架代表教宗的支持。挪威是红色底色镶白蓝十字，其与丹麦结盟时以红底白十字为国旗，联邦瓦解后，于是加上蓝色十字，蓝、白、红代表自由、平等、博爱。基于历史及民族共通性，冰岛的国旗采用北欧各国共通的十字形，蓝色之于冰岛，犹如正红之于中国，自古以来都是冰岛民族推崇的色彩，在传统服饰上更是经常使用蓝色。所以无论你走到北欧哪个国家，都会看到热闹的街头尤其是老城区，五国的旗帜像节日里的拉花一样随风飘扬。

传说中的黑暗时代，即5世纪开始到9世纪初神圣罗马帝国濒临崩溃这段时期，是一段逝去的大罗马帝国不堪回首的日子。著名的君士坦丁大帝登位后，未加周详深谋远虑，将罗马帝国的首都从罗马城迁到接近小亚细亚的君士坦丁堡，以罗马帝国的东部作为统治的重心。经他这一迁都，罗马帝国政权便从西部起开始瓦解，而这一政治上的错误决策，直接导致了大罗马帝国的衰落，当时除了政治崩盘，在文化上亦是一片黑暗混乱，由此称为黑暗时代。

风起于青蘋之末，这种衰运一到遥远的斯堪的纳维亚半岛，反而风生水起，使得诸小国有了振兴的迹象，所谓只有大国衰落，才会有小国崛起和发展壮大的希望与机会。历史上位于斯堪的纳维亚半岛的北欧五国，自古就联系紧密，在社会和文化上关系密切。即便在黑暗时代，挪威、瑞典、丹麦和冰岛因为一衣带水的关系，也有着相似的文化、语言，比如古诺尔斯语，以及宗教如北欧神话等。"斯堪的纳维亚"（Scandinavian）一词源自条顿语"skadino"，意为"黑暗"，再加上表示领土的后缀–via，全名意为"黑暗的地方"。大约在北欧居住超过一年的人，都领教过斯堪的纳维亚漫长暗黑的小半年的冬日之苦。每天早上9点天亮，下午4点天黑，人们摸黑上班摸黑下班，小朋友们摸黑在沙池里堆沙堡。

所以，北欧人对光明的追逐几近膜拜，缺少光明，所以才生生地创造出一个专门为光明准备的12月13日圣露西亚迎光节。据说在这一天之后，黑夜逐渐缩短，白昼逐渐变长。其实12月底之前的日子倒还好过，因为有露西亚藏红花面包吃，有12月的Glögg①热葡萄酒，以及即将来临的狂欢的圣诞节，真正是数着指头过节。而到了凄清冷静的1月，真正的北欧冬天才来临。日子可以用漫长、黑暗、湿冷、无趣来形容。这样熬过了四个多月后，直到4月中旬的复活节到来，北欧人民的日子才算又转入正常轨道，大自然的一切又活泛起来，爆发出蓬勃的生机。

————————
① Glögg：北欧尤其瑞典在圣诞节期间喝的一种香甜加热的甜酒。

基本上，欧洲的每一个大城市都有一座Domkyrkan（大教堂）。如果你还对教堂之于欧洲人民的意义不清楚，去看看世界第三大的意大利米兰大教堂，仰望这座雄伟的建筑，会不自觉地产生一种敬慕之感。这就是宗教赋予建筑的力量。就像当时佛教自印度传入中国而本土化一样，当基督教于约1000年前传入北欧诸国后，本土化使丹麦、瑞典、挪威形成三个独立王国。由12世纪起，现代的芬兰地区（语言上属芬兰—乌戈尔语族）开始融入瑞典，形成了瑞典王国；而冰岛、法罗群岛、设得兰群岛、奥克尼群岛、格陵兰和大部分苏格兰及爱尔兰则属于挪威。所有北欧五国追随当时震动颇大的欧洲宗教改革，并信奉接纳基督教里的路德宗为北欧五国国教。

14世纪，丹麦、挪威（连同冰岛）和瑞典（连同芬兰）组成卡尔马联盟，由同一君主统治。丹麦很快主导了联盟，但在16世纪初期，瑞典重新成立独立王国；而丹麦对挪威的支配，直至1814年被迫将挪威割让给瑞典国王才完结；冰岛、格陵兰和法罗群岛仍属丹麦。17世纪，瑞典跻身为欧洲大国之一，但其后逐一失去领土，乃至1809年失去芬兰；芬兰成为附庸俄国沙皇的自治芬兰大公国。所以直到如今，这些国家和睦相处之余，都不免要拿当年的历史互相调侃一番，比如丹麦，每年在报道瑞典国庆日的时候，都不忘点一句瑞典在1523年国王古斯塔夫·瓦萨开国登基之前，曾受制于丹麦的历史。但是调侃归调侃，北欧诸国深谙和平的三昧，十分注重人与自然的协调，并万分珍惜地保护着自己不多不少的文化资源。对本民族、本国家语言的传承，就是特别好的一个例子。

虽然加入了欧盟，但世界语言"万金油"英语并未成为北欧诸国的座上客。北欧人，尤其瑞典人，个个英语水平了得！瑞典人的英语水平，在国际上都是有名的。但瑞典、芬兰、丹麦、冰岛、挪威，至今都在使用着自己国家的瑞典语、芬兰语、丹麦语、冰岛语和挪威语。他们的理由是：本来自己国家的语种已经很小，再不加以保护和应用，则会消亡。语言消亡了，无疑预示着本民族特质与文化的消亡。所以外来移民通常刚来的几年，比如瑞典，都会享受由政府补贴的语言学校提供的免费瑞典语课学习。短期停留，英语无疑是足够了。但若想长期居留甚至求职，除了国际公司，几乎所有的北欧本土公司都要求你会所属国的语言，否则机会只会一个接一个地溜走。这一点也不得不说是很多本来只是来求学、后来又想留下的留学生的硬伤：不学所在国的语言，以为会英语就可以"包打天下"。其实不然。不仅语言，连欧盟通用的欧元在北欧也未推行。到如今，北欧五国还在用着属于自己国家通用的克朗。

　　饮水思源，北欧人民想一想当年老祖宗们一代一代在斯堪的纳维亚半岛弹丸之地的奋斗史，当时不管是自然天象横空显现停战昭示的十字架也好，还是自称看见神明显灵要求停战的埃里克王强大的意念也罢，大家都一致认为这是上帝的指示。化干戈为玉帛，共同发展壮大，何乐而不为？胸怀远见的老祖宗们不仅宣誓结盟，还把五国的国旗都添上了十字架，以示结盟之诚。看看飘扬在街头的五国十字旗，想一想如今的和平、宁静与自由，难怪北欧人民比如瑞典的国歌会满怀深情地唱出这样的歌词："你古老，你自由！人间此乐土！吾愿生于斯，死于斯！"

　　别看如今北欧五国，就像瑞典、丹麦这对CP，每到各自建国日，各种调侃，各种戏谑，"嘴仗"打得不可开交，但是看看北欧古老土地上各种战争题材的电影，比如由瑞典导演Peter Flinth[①]执导，乔金·莱特奎斯特主演的，反映900多年前发生在瑞典西约特兰的瑞典、丹麦、挪威之间为了争夺疆土而连年战争的《圣殿骑士》，冷兵器时代的战争因为近距离的格斗，分外血淋淋与残酷。

---

① Peter Flinth：彼得·弗里奇，著名北欧导演。1964年11月7日生于丹麦哥本哈根。电影代表作品：《圣殿骑士》。

其实人生看开，不过一个生死，而如何不辜负自己，过好生死之间漫长又短暂的一生、精神富足的每一天，是北欧人对人生思考的意义所在。北欧神话中关于灭亡与重生的观点，对今日的北欧人仍然影响巨大。所有的物质，比如金钱、房子、车，所谓的安稳，对北欧人来说，都是借用，而那些通过自己的学习、努力而拥有的，比如长年坚持不断地学习、看书、锻炼、游历，由自己的思想而生成的，才是真正属于自己的财富。

这种生生不息，对世界、生命的认知，在北欧神话中也体现得淋漓尽致。不像其他神话体系中的神，北欧神话中的神是不完美的，其本身也面临挑战与灭亡的命运，如主神奥丁，为了获得知识牺牲了左眼，被吊在树上九夜、饱受创伤后才得到了象征其力量的长枪。北欧神话相信当万物消亡，新的生命将再次形成，世界上的一切都是循环的。诸神的黄昏，也可说诸神的末日，正是表达了这种对大自然以及人本身生命循环的认知。诸神黄昏中，最后指出世界将为熊熊火焰所灭，而在熊熊火焰消退之后将诞生出新的世界。其实这里的火焰有可能指的就是"火山爆发"，北欧由于地壳不稳，因此地震与火山活动频繁。在古代北欧人看来，火山爆发宛如世界末日一般，但火山爆发之后诞生出的新大陆又充满无限生机，因此将恐怖毁灭但又能诞生生命的自然现象套用到了神话中。

正是基于此，对几个世纪战争以后换来的和平、安宁和幸福，北欧五国分外珍惜。都说北欧经济模式的可贵之处在于创造了一个富足的北欧，其实其更可贵之处在于，从创立高收入、高税收、高福利的北欧经济模式的那一刻起，便从制度上极大地消除和降低了人们对金钱的欲望、贫富分化与相互的攀比之心。物质上大同小异，唯一能看出人生修养与思想境界、个人素质高低的，只有精神上的财富积累之多寡与修炼之高低了。

所以时至今日，虽然北欧五国幸福指数一直独占鳌头，北欧人却不忘初心，一直秉承简约、低调、特立独行、不受世人风潮左右的行事风格与生活方式。钱不必太多，够用就好。衣不必大牌，适合舒服最重要。对着晨曦，慢慢煮一杯咖啡，配一块小小甜点，也极为美好。生命中最重要的，原本不是堆积如山的富有，不过是一份简单到细节的仪式感。唯其如此，才有宁静、优美、富足、平和的北欧，这里才成为世人眼中的世外桃源、离天堂最近的地方。

图书在版编目（CIP）数据

越简单，越美好 /（瑞典）罗敷著.—长沙：湖南
文艺出版社，2018.11
ISBN 978-7-5404-8727-0

Ⅰ.①越… Ⅱ.①罗… Ⅲ.①随笔—作品集—瑞典—
现代 Ⅳ.①I532.65

中国版本图书馆CIP数据核字（2018）第108817号

上架建议：畅销·人生哲学

YUE JIANDAN，YUE MEIHAO
越简单，越美好

作　　者：［瑞典］罗敷
出 版 人：曾赛丰
责任编辑：薛　健　刘诗哲
监　　制：于向勇　秦　青
策划编辑：木鱼非鱼
营销编辑：刘晓晨　刘　迪　初　晨
封面设计：
版式设计：姜利锐
内文排版：麦莫瑞
封面图片：视觉中国
出版发行：湖南文艺出版社
　　　　　（长沙市雨花区东二环一段508号　邮编：410014）
网　　址：www.hnwy.net
印　　刷：三河市中晟雅豪印务有限公司
经　　销：新华书店
开　　本：875mm×1270mm　1/32
字　　数：150千字
印　　张：7
版　　次：2018年11月第1版
印　　次：2020年2月第2次印刷
书　　号：ISBN 978-7-5404-8727-0
定　　价：48.00元

若有质量问题，请致电质量监督电话：010-59096394
团购电话：010-59320018